もりおか暮らし物語読本

演劇のまち盛岡

～復活文士劇二十年の歩み～

道又　力　編

はじめに

　昭和二十四年十二月二十二日、盛岡文士劇が岩手県公会堂で初めて行われました。演目は「秋の記憶」と「ドモ又の死」。それから十三回続いた文士劇は、昭和三十七年の公演をもって中断しました。

　その後、月日の流れとともに文士劇の復活を願う声が高まり、地元作家、企業、行政が協力し、作家の高橋克彦さんを発起人として、三十三年の時を経て平成七年十一月二十六日、盛岡の冬の風物詩、庶民文化の継承として見事に復活しました。復活の年は「盛岡版結婚の申込」・「口上」・「白浪五人男」が上演され、立ち見が出るほどの人気を呈しました。

　こうして始まった文士劇は、昨年十二月に行われた公演で復活二十回という節目を迎えることができました。二十年前を少し振り返ると、平成七年一月は「阪神・淡路大震災」が発生し、多くの犠牲者や被害が出た大惨事となりました。また、その二ヵ月後の三月には「地下鉄サリン事件」が発生、日本中が恐怖に包まれました。このように災害や反社会的事件が起こったこの年に文士劇は復活し、暗い日本に少しでも明るい話題を届けられたのではないかと思っております。

ご承知のとおり盛岡文士劇は、地元アナウンサーらが盛岡弁でお芝居を行う「現代物」と、地元にゆかりのある文士、名士らが出演する「時代物」、そして実行委員が賑々しくご挨拶を申し上げる「口上」の三部構成とし、いずれも見所が満載で、毎回チケット発売と同時に完売するという人気公演です。これはひとえに公演を楽しみに劇場へ足を運んでくださる皆様と地元演劇人のスタッフの熱意が公演を支えております。この場を借りて厚く御礼を申し上げます。

さて、盛岡文士劇が復活して二十年を迎えたことから、これまでの歩みを振り返るため、関係各位のご協力のもとこの本を出版する運びとなりました。編者は、脚本家で時代物の脚本を手がける道又力さんに依頼し、文士劇の魅力を余すところなくこの一冊にまとめていただきました。文士劇ファンのみならず、この本を契機に初めて知った方も、すべての方が盛岡文士劇の始まりから今日に至るまでの様子を楽しく読むことのできる内容となっております。

一口に二十年と言っても、生まれた赤ちゃんが成人するまでの期間と考えると、非常に感慨深いものがあります。

現在、日本で唯一の文士劇と言われる「盛岡文士劇」は〝演劇のまち盛岡〟が誇るブランドとしてその名を全国に轟かせております。今後も盛岡に冬の訪れを告げる風物詩として皆様のご期待に添える文士劇をお届けできるよう、公演制作に努めてまいりたいと存じます。

平成二十七年三月

盛岡文士劇公演実行委員会会長　三浦　宏

盛岡
文士劇公演
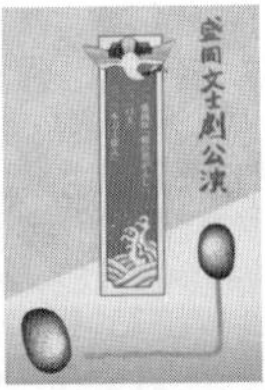
盛岡文士劇公演
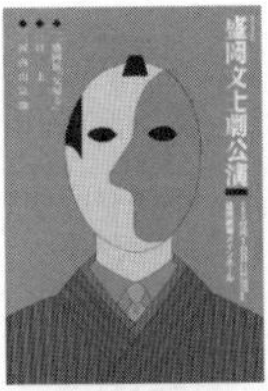
盛岡文士劇公演

盛岡文士劇復活公演

盛岡文士劇

盛岡文士劇

盛岡文士劇公演

盛岡文士劇公演

盛岡文士劇

盛岡文士劇

盛岡文士劇

盛岡文士劇

盛岡文士劇

盛岡文士劇

盛岡文士劇

盛岡文士劇

盛岡文士劇

盛岡文士劇

盛岡文士劇

盛岡文士劇

演劇のまち盛岡　目次

開演直前、盛岡弁で語りかける畑中美耶子

第一章　復活文士劇二十年の歩み

演劇の街に文士劇あり

道又　力（脚本家）

盛岡は全国的に見ても演劇の盛んな街です。人口およそ三十万。そこに二十以上のアマチュア劇団がひしめき、常に市内のどこかしらで公演が行われています。今や日本唯一となった文士劇が存在しているのも、芝居好きの多い土地柄ゆえなのでしょう。

平成二十六年に二十周年を迎えた盛岡文士劇は当初、復活公演と称していました。昭和三十七年にいったん終了した文士劇を復活させたから、という意味です。その旧盛岡文士劇を発案したのは、岩手日報整理部長だった工藤正治さん。戦争で疲弊した市民に明るい話題を提供するのが目的でした。疎開のため郷里盛岡へ戻っていた作家の鈴木彦次郎さんは、文士劇立ち上げの相談をされ即座に大賛成と答えました。小説だけでなく戯曲を書き演出経験もある鈴木さんは、芝居と聞いて大いに気持ちが動いたのです。

昭和二十四年の第一回から第七回までは今も残る岩手県公会堂、第八回からは大正二年落成の盛岡劇場を改築した谷村文化センターが会場でした。演し物は歌舞伎、新派、翻訳物と多彩で、出演者も作家、詩人、脚本家、画家、彫刻家、大学教授、南部家当主、知事、市長、県議会議長、銀行頭取など文人や名士が挙って参加。師走の名物行事に育ったものの、座長格の鈴木さんが腰を痛め舞台に立てなくなり、第十三回をもって惜しまれつつ幕を下ろします。

以来、盛岡では「あれは楽しかった」「もう一度見たい」と、関係者やファンの間で何かにつけ話題に上ることとなります。岩手県民会館が昭和四十八年にオープンすると、目玉事業に文士劇を復活させては、との声が起こります。けれども鈴木さんの舞台復帰はかないませんでした。(昭和五十年、肺ガンのため死去)

復活運動がジワリと動き出したのは平成元年のこと。新幹線の車中で徒然なるままに書き上げられた一片のメモが、きっかけとなります。メモには文士劇を立ち上げるにあたっての具体案が、微にいり細にわたり記されていました。書いたのはＩＢＣ岩手放送社長の河野逸平さん。河野さんの構想は、そのまま盛岡市助役の桑島博さん(のち市長)に伝えられました。

それから一年後。谷村文化センター跡地に新しい盛岡劇場が完成したことで、復活の気運に拍車がかかります。桑島さんは県民会館ではなく、旧文士劇ゆかりの盛岡劇場での上演を望み、河野さんもそれに頷きます。新座長として白羽の矢を立てられたのは、盛岡在住の作家・高橋克彦さん。高校時代は演劇部で活躍し、一時は劇作家を目指したという、鈴木さんに劣らぬ芝居の虫。子供の頃、父親に連れられ文士劇をワクワクして見た記憶もあります。復活の提案をされ、高橋さんは一も二もなく同意しました。

記念すべき復活公演が行われたのは、平成七年十一月二十六日。旧文士劇の最後から数え、実に三十三年ぶりの快挙です。第一部は地元局アナウンサー中心の盛岡弁の現代劇『結婚の申込』、第二部は公演実行委員会のお歴々による口上、第三部は地元作家中心の時代劇『白浪五人男』。この三部構成の上演スタイルは以後、文士劇のお約束として踏襲されます。最初の予定では一回限りの復活公演でしたが、継続を期待する多くの声に押されて翌年の第二回公演が決定。今では「これを見ないと年が越せない」という市民の熱い支持のもと、盛岡ブランドを代表するイベントになっています。

本書はコンパクトながら、文士劇のエッセンスを詰め込んだファン必携本です。最後の一頁まで楽しんでお読み下さい。

谷村文化センター

盛岡劇場

復活第一回　盛岡文士劇公演　盛岡劇場メインホール

平成7年11月26日（日）①午後2時開演　②午後6時30分開演

盛岡版『結婚の申込』

【STAFF】

原作／チェーホフ
翻案／昆　明男（岩手県文化振興事業団）
演出／小野寺瑞穂（帯の会）
佐々木喜八郎（帯の会）

チェーホフの喜劇を、土地・言葉とも盛岡に置き換えて翻案。登場人物を原作より増やし、チャグチャグ馬っこの話題を挿入するなどオリジナルの要素が強い盛岡版結婚の申込になっている。物語は婚期の遅れた農家の青年が、口の達者な叔母に連れられ、隣家の娘に求婚するため訪ねるところから始まる。見所は父親役の松本源蔵の由緒正しい盛岡弁と、アナウンサー達の盛岡弁への挑戦。

【CAST】

山元蔵三……………松本源蔵（写真家）
川上照子……………畑中美耶子（パネット代表）
川上慎太郎…………菊池幸見（ＩＢＣ岩手放送アナウンサー）
山元絵里子…………小原忍（岩手めんこいテレビアナウンサー）
山元敬一……………藤村惠一（テレビ岩手アナウンサー）
山元イネ……………真木小苗（女優）
仲人…………………畠山孝一（民謡歌手）
仲人夫人……………中岩持勝子（民謡歌手）

『白浪五人男』

【STAFF】

原作／河竹黙阿弥
脚色／藤原正教（岩手日報社）
演出／斎藤五郎（実行委員会事務局長）

本来、五幕構成の芝居だが、今回は「浜松屋の場」と「稲瀬川勢揃えの場」を上演。「浜松屋の場」は南郷力丸と娘に化けた弁天小僧が浜松屋をゆするという話で、弁天小僧が娘から男へと変貌するところが見せ場。「稲瀬川」は五人男の勢揃えで、捕り手に負われた五人男は稲瀬川の土手に集合。連事（つらね）が見所。往年の文士劇で最も人気のあった場面。

【CAST】

日本駄右衛門……三好京三（作家）
弁天小僧菊之助…高橋克彦（作家）
赤星十三郎………斎藤純（作家）
南郷力丸…………河辺邦博（IBC岩手放送報道部）
忠信利平…………谷村邦久（みちのくコカ・コーラボトリング社長）
浜松屋幸兵衛……星吉昭（音楽家）
丁稚………………山本玲子（啄木研究家、エッセイスト）
佐兵衛……………小原啄葉（俳人）
太介………………高橋爾郎（歌人）
与九郎……………前田正二（IBC岩手放送アナウンサー）
宗之助……………山口久美子（舞踊家）
河竹黙阿弥………伊勢二朗（俳優）
亀の子清次………桝田雅弘（中三AUNホール支配人）
手代………………樋下正志（帯の会）
捕り手……………岩手県邦舞協会

第一回公演エッセイ

讃・盛岡文士劇復活

赤澤　正直

盛岡劇場メインホールで待望久しかった、盛岡文士劇復活公演の日、私は朝起きたときから遥かな昔の感慨に浸っていた。ふっと半世紀以上も遠い昔の盛岡劇場を忽然と思い出したのである。それは小学校三年の頃のことである。当時、国の機関の仕事をしていた父は〝忙しい人〟で、朝早くから夜遅くまで、まさに仕事の鬼であった。私たちが起きる前に出勤し、寝てから帰宅する毎日で、一緒に食事をすることなど無い明け暮れであった。お盆も過ぎて秋風の立つ頃、仕事の鬼の父が私たちを盛岡劇場に招待して呉れた。その頃、私たちは北山に住んでいたので、盛岡劇場までは子供の足で、一時間以上はかかると察した父は、日頃なにもサービスしてやれなかった私たちに対する罪滅ぼしの気持ちがあったのか、タクシーを玄関に横付けさせたのである。初めて入った盛岡劇場は、私には途轍もなく大きな建物に感じられた。その日、盛岡劇場で開催されたのは家族慰安会のようなもので、折り詰め弁当が配られ、大人には酒も振る舞われたようであった。どんな出し物だったのか記憶は朦朧としているが、盛岡市内の、踊りの社中の人たちの手踊りが主なるもので、いわば手づくりの、観客と出演者が顔見知りで、息の合った発表会のようなものであった。昼を欺《あざむ》くような照明の明るさに目を見張ったのを覚えているのは初めて入った盛岡劇場の豪華・絢爛たる雰囲気に圧倒されたからだろう。このような幼い頃の思い出を心に秘め、父の背中を見て育った私の成長過程の中に盛岡劇場は、華やかで懐かしく、晴れがましい場所として就いて回ったのである。これが、以前に書いた拙文の中に「子供の頃の遠い思い出の中に、旧盛岡劇場を秘めている私は、新しい盛岡劇場が平成二年に誕生した時から盛岡文士劇の復活を渇望していた……」と記した所以である。文士劇とは「専門俳優以外の文人、劇評家、画家などによって演じられる素人芝居」と日本近代大辞典にあるが、私の文士劇の原点は、遠い昔の盛岡劇場の家族慰安会だったのである。

盛岡文士劇は、昭和二十四年に旗揚げ公演して昭和三十七年に幕を降ろすまで、延べ十三回（昭和三十五年休演）公演している。第一回から七回までは県公会堂、八回から幕を降ろした十三回までは、旧盛岡劇場の生まれ変わりの谷村文化センターで開演している。もちろん、その全部を観覧してはいないけれども、気が付いたことは出演者の顔触れに中心的な人、いわゆる主演俳優とも言うべき人が存在している事である。まず、盛岡文士劇の、生みの親であり推進役であり座頭《ざがしら》でもある人は、あまりにも有名な、出演十三回を誇る鈴木彦次郎さんである。次いで、十回出演の工藤正治さん、七回出演の海野経さん、六回出演の中村直さん、この四人さんが盛岡文士劇の四本柱であった。以下、五回出演の小川秀五郎さん、深澤省三さんはじめ、橋本八百二さん、佐藤好文さん、工藤巌さん、山本弥之助さん、盛内政志さん、南部利英さんと、まさに多士済済の豪華な顔触れである、盛岡文士劇の名優、鈴木彦次郎さんは昭和五十年七月二十三日六道天上の人となられた。享年七十六歳であった。鈴木さんは根っからの芝居好きであったが、やはり心の中に盛岡をこよなく愛し、盛岡の人のために、なにか役に立とうという深い思い入れがあったのではないだろうか、その鈴木さんのひたむきな盛岡への思いに、盛内さん、海野さん、中村さん、深澤さんが共鳴し、その漣《さざなみ》が工藤さん、山本さんへと広がり、やがて大きなうねりとなって盛岡市民の中に溶け込んで行ったのだろう。

それにしても、三十三年という長い年月を経て復活した盛岡文士劇、斎藤五郎さんを中心にした絶妙な根回しの冴えには、天上の鈴木彦次郎さんも兜を脱いだのではないだろうか。昭和二十四年に旗揚げ公演したとき、座頭の鈴木彦次郎さんは五十一歳、いま復活した新生、盛岡文士劇の座頭として誰に白羽の矢を立てているのだろうか。

盛岡版「結婚の申込」に初出演した、絵理子の父親、蔵三役の松本源蔵さんは、細身の鈴木彦次郎さんをほのぼのと彷彿させて好演だった。第五回の公演で「弁天娘女男白浪」に鈴木さんと共演した海野経さんの昔日を懐かしむ口上、第九回公演の「勧進帳」に弁慶役で出演した中村直さんが口上で披露した堂々たる弁慶の台詞を聞いて、天上の鈴木さんも、きっと満足したと思う。「白浪五人男」の弁天小僧菊之助役で好演した高橋克彦さんは「一年に一度のお祭りをこういう形で続けるのもおもしろいのでは……」と言っている。高橋さんと、日本駄右衛門で熱演した三好京三さんのお二人が中心となって、楽しく、暖かく、微笑ましい盛岡文士劇を、いつまでも続けて欲しいものである。

■初出：「街もりおか」1996年1月号

盛岡版『結婚の申込』

白浪五人男

第二回　盛岡文士劇公演　　盛岡劇場メインホール

平成8年12月1日（日）①午後2時開演　②午後6時30分開演

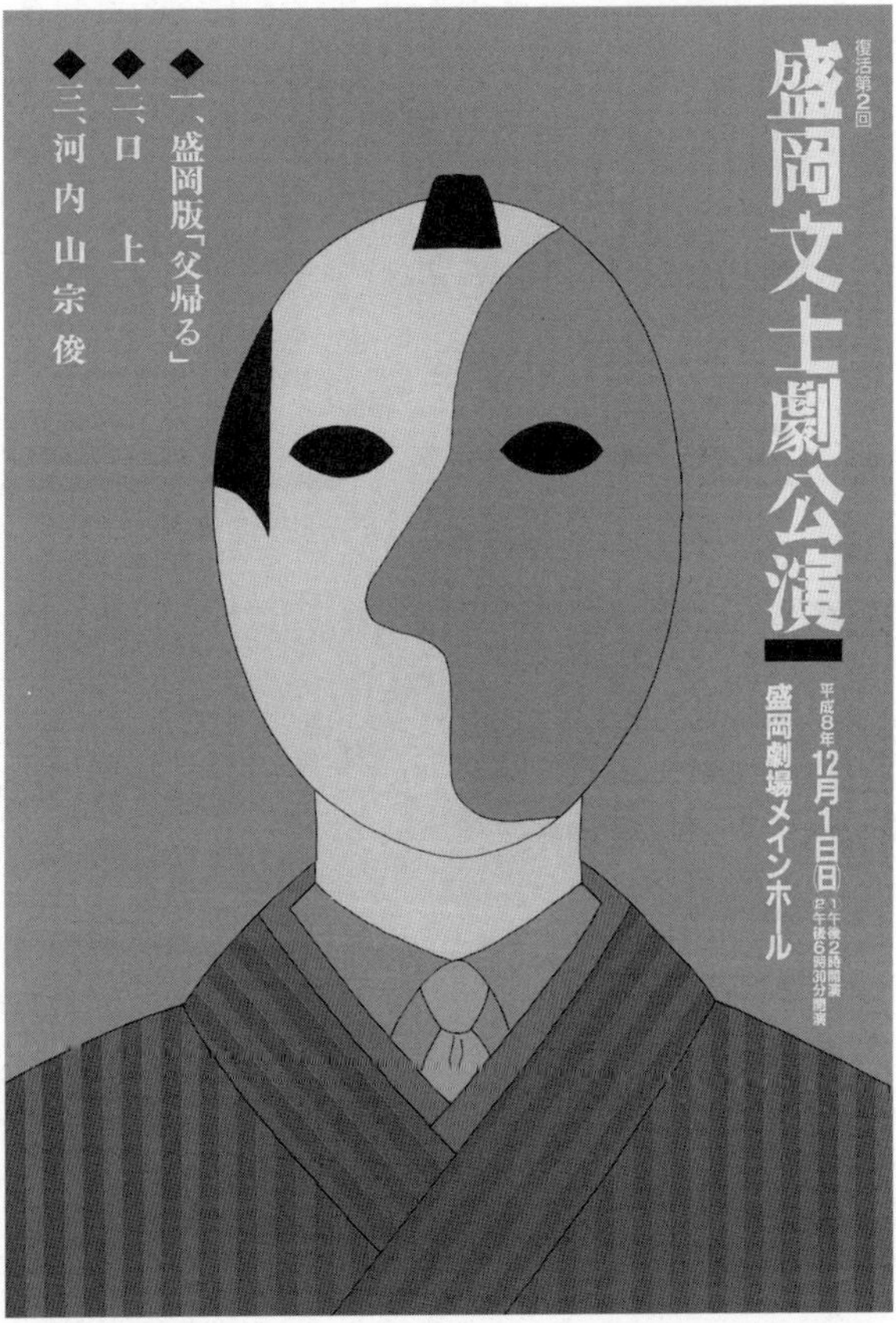

盛岡版『父帰る』

【STAFF】

原　作／菊池寛
脚　本／昆明男（岩手県文化振興事業団）
演　出／小野寺瑞穂（帯の会）
演出助手／藤原正教（岩手日報社）

有名な菊池寛の原作を昨年同様、言葉・土地・時代を盛岡に設定し、情緒と格調高さを誇る盛岡山車の音頭上げの登場や、原作にない喜劇性を織りまぜ、ハッピーエンドな幕切れに編んだ。物語は昭和四十年代も中頃、二十二年前に失踪した父親が八幡様の祭りの日に帰ってくる場面から始まる。アナウンサーたちの努力の盛岡弁と演技を、松本源蔵さんや畑中美耶子さんがバックアップした。

【CAST】

祖母　キク……真木小苗（女優）
父　宗太郎……松本源蔵（写真家）
母　たか子……畑中美耶子（パネット代表）
斎藤賢一郎……落合昭彦（岩手めんこいテレビアナウンサー）
弟　新二郎……神山浩樹（IBC岩手放送アナウンサー）
妹　ゆき子……相澤超子（NHK盛岡放送局）
吉之助……伊藤吉之助（地域文化経済研究所所長）
謙三……多田研三（写真業）

『河内山宗俊』

【STAFF】

原　　作／河竹黙阿弥
脚色演出／斎藤五郎（実行委員会事務局長）
演出助手／坂田裕一（県演劇協会副会長）

河内山宗俊は徳川家直参の御数寄屋坊主で、下谷界隈に顔をきかす悪党だった。一方、松江出雲守は上州屋の娘で腰元の波路を側室にしようとしている。その危急を救うべく宗俊は、上野の法親王の使僧・北谷道海に化ける。だが波路を取り戻し、意気揚々と引き揚げる松江邸の玄関先で、北村大膳に見破られてしまう。そこは御数寄屋坊主の頭たる宗俊、開き直ってタンカを切るところが見せ場。

【CAST】

河内山宗俊……高橋克彦（作家）
松江出雲守……栃内松四郎（県水泳連盟会長）
直侍……井沢元彦（作家）
宮崎数馬……山口久美子（現代舞踊家）
高木小左衛門……門屋光昭（盛岡大学助教授）
北村大膳……大塚富夫（ＩＢＣ岩手放送アナウンサー）
近習一……上原康樹（ＮＨＫ盛岡放送局アナウンサー）
近習二……山本玲子（啄木研究家、エッセイスト）
近習三……千葉喜秋（言語人文学会副会長）
近習四……河野逸平（ＩＢＣ岩手放送社長）
近習五……加藤剛一（東北銀行頭取）
近習六……道又力（脚本家）
老女岩崎……伊勢二朗（もりげき演劇アカデミー副校長）
使侍……大槻由生子（花架拳講師）
浪路……坂田裕一（県演劇協会副会長）
腰元一……斎藤純（作家）
腰元二……伊藤由美子（詩人）
腰元三……澤口たまみ（エッセイスト）
腰元四……角谷朗子（岩手朝日テレビ）
腰元五……熊谷志衣子（鈴木盛久：御釜師）

第二回公演エッセイ

文士劇こぼれ話

斎藤　五郎

「本日はかくも賑々しく御来場賜りまして（中略）……これからも文士劇を御贔屓御支援のほど隅から隅まで、ズ、ズイと請い願い上げ奉ります」と、昨年12月1日、お陰様で昼夜とも満席の盛況のうちに、盛岡劇場における〝復活第2回文士劇〟を無事打ち上げることができました。終わって10日ほどになりますが、いまだに、というよりこの頃になって、かえってあちこち様から文士劇について裏話のようなこととか、いろいろ聞かれたりしますので、昨年の一回目の時のことなども合わせて思いつくままにお話したいと思います。

まずは冒頭の〝口上〟のことで、今回は「隅から隅まで」を〝ハヅッコからハヅッコまで〟あるいは〝スミッコからスミッコまで〟と盛岡弁でやった方があたたか味があっていいのでは、と話題になりましたが、口上出演者が各界を代表するお歴々だから、メンツに賭けても見事な口上を披露したいので、ふだん使っていない盛岡弁では難かしくて、不揃いになるやも知れぬのでやっぱりオーソドックスにいこうということになってボツ。

その、今は日常使っていない〝難かしい〟盛岡弁に敢えて挑戦して大絶賛を博しているのが、一回目の「結婚の申込」と今回の「父帰る」です。それに刺激されての盛岡弁の口上という発想だったのですが、この盛岡弁シリーズはも少し続ける予定でいます。それは芝居をやっていて気づいたことなのですが、盛岡弁を視覚と聴覚で記録しておくためです。芝居で転んでオッケッタの意味が分かり、ゲダガ（毛虫）がガイダガにならないように盛岡弁を残したいからです。

ついでにいうと、菊池寛の「父帰る」は大正6年発表の悲劇の戯曲で、時代設定は明治40年頃です。それを現代に移して盛岡弁でというのですから大変な冒険なのですが、何よりもまず心配なのは著作権のことで（菊池寛は1948年没）、盛岡劇場の高瀬敏和館長補佐が東京の菊池寛記念館に、若干（人情）喜劇風に脚色することになるかも知れませんが、とそのことを問い合わせると、館長の菊池英樹さんが〝あれはもともと四国地方の方言ドラマで、底流には喜劇が伏在している作品ですからお好きなようにお使いください〟とのありがたいご諒解をもらったという経緯があります。そして昆明男さんの脚本に、松本源蔵さんと畑中美耶子さんの盛岡弁の絶妙コンビが息の合ったお芝居を見せるのですから、お客さんが笑ったり泣いたりすることになります。

お話はも一つ前に戻ります。今年は〝復活第二回盛岡文士劇〟のタイトルでスタートしているのですが、ここで、復活第二回という表現に抵抗を感じないかということで話し合いになりました。つまり復活というのは、一回復活したら何回も復活するものではないのではないかという理屈です。いわれてみれば確かにそうで、一度生き返ったものが、二度も三度も生き返るという表現はおかしいということになって、復活の文字は抜いて、正式には第二回盛岡文士劇となりました。

以上、ここのところ、第三者から見たら、たわいないことに時間を費やして、また長ながと書いて、と思われることでしょうが、いいたいことは、文士劇実行委員会の現場のみんなは、ここで、この時に文士劇への〝心の準備〟をしていたということです。この時のみんなはそれぞれにいろいろ話してはいたのですが、突然無口になったり静かになったり、〝心ここに在らずして〟文士劇の在り方、前回の文士劇のノウハウの反復、これからの進め方、各自の役割、接遇、客の応待、全てのプラン等々、頭の中で着々と整えていた、もっとも大事な時間だったのです。私にはそれがヒシヒシと伝わって来て、今回も成功だと確信を予感したことでした。

さて、役者?さんの話に移りましょう。第一回の時は前日飛び込みの役者さんが何人かいたのですが、今回そのケースはゲスト出演の井沢元彦さん一人、井沢さんも高橋克彦さん同様に超売れっ子の超多忙な作家、九州から飛行機を乗りついで東京で所用を済ませ盛岡劇場に入ったのは本番前日の夜のゲネプロ（本番直前のリハーサル）の終わる頃。井沢さんは花道芝居でいいところを見せて、この芝居「河内山」で最後に揚幕（花道の出入口）にひっこむという、まさに男の花道を絵で描いたような役どころです。

リハーサル進行中に短かい打ち合わせ。幕が閉まって河内山が花道の中間に来たら、井沢さんが揚幕から小走りに出てって河内山と向かい合い「おお兄貴…」とこうなります。ここは河竹黙阿弥の原作には無い、前進座の「河内山」で書き加えた場面で、盛岡文士劇でも折角のゲストなので特に設定したところです。ところが井沢さんは揚幕から出た途端に「おお兄貴…」と小走りに走りながら、ちょっと高い声で河内山に呼びかけたことでした。これがうまい！実に上手！（オオ！この方がいい、本番はこれでいこう）井沢さんはテレビなんかで見ていてもそうなんですが、ノリかたがうまい。自分で自分をノセちゃうんですね。このノリかたで高橋克彦さんの河内山との花道での奇想天外なアドリブのやりとり、後は１月４日のＩＢＣ岩手放送テレビでご覧ください。

■初出：「街もりおか」１９９７年１月号

河内山宗俊

第三回　盛岡文士劇公演

盛岡劇場メインホール

平成9年11月29日（土）①午後6時30分開演
　　　　　　　　30日（日）①午後2時開演　②午後6時30分開演

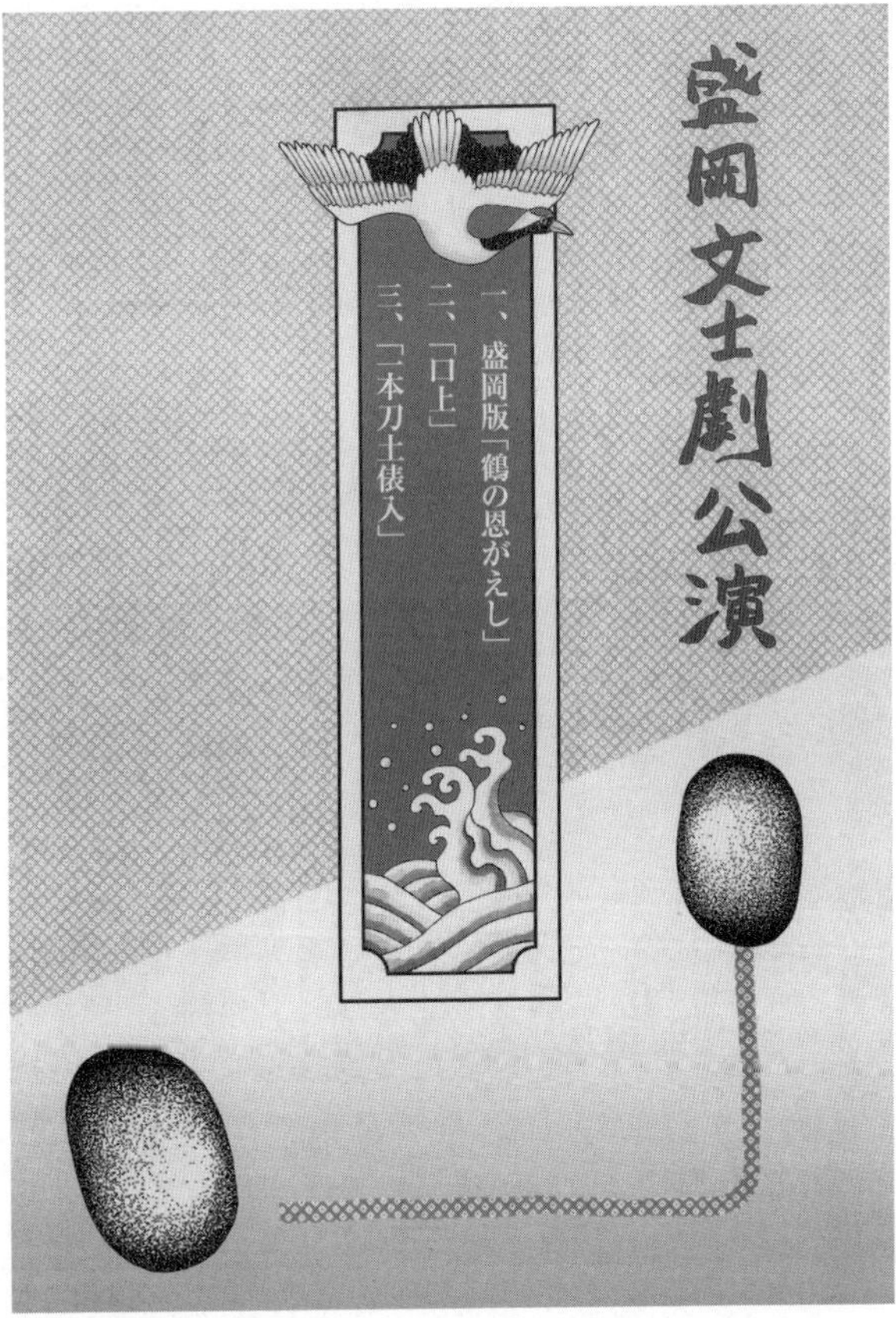

盛岡版『鶴の恩がえし』

【STAFF】

翻　案／昆明男（岩手県文化振興事業団）
演　出／小野寺瑞穂（帯の会）
演出助手／藤原正教（岩手日報社）

命を助けてくれた優しい若者に想いを寄せた鶴が、おそばにいて恩に報いたいと願う。やっと人間世界に住む術を会得したとき、若者は既に亡くなり、孫子の世代になっていた。「鶴は千年」と言われる寿命と、人間の寿命の違いで、この話がややこしくなっていく。世代は変わっても、報恩の念もだし難く先輩鶴の先導で、この地を訪れたのだが……。

【CAST】

鶴1、鶴子……戸田信子（IBC岩手放送アナウンサー）
鶴2、千鶴……畑中美耶子（盛岡子供劇団CATSきゃあ主宰）
男1、与一……鈴木直志（テレビ岩手アナウンス部長）
男2、幸一……落合昭彦（岩手めんこいテレビアナウンサー）
男3、惣一……大橋信之（NHK盛岡放送局アナウンサー）
語り部………真木小苗（帯の会）
子供1………中村美穂（盛岡子供劇団CATSきゃあ）
子供2………黒川絵里加（盛岡子供劇団CATSきゃあ）
子供3………坂本慎悟（盛岡子供劇団CATSきゃあ）

『一本刀土俵入』

【STAFF】

原　　作／長谷川伸
脚色演出／斎藤五郎（実行委員会事務局長）
演出助手／藤澤豪

取手の宿・我孫子屋のお蔦は、親方に見放されて巡業先から帰る一文無しの取的に金を恵んだ。十年後、お蔦は職人の辰三郎との間に女の子をもうけ、内職などして暮らしている。ところが辰三郎は盛劇一家の賭場でイカサマをして金を取った。追いつめられる親子三人。そこに渡世人の駒形茂兵衛が現れる。かつて、お蔦が助けた取的であった。茂兵衛は盛劇一家を追い払い親子を逃がしてやる。

【CAST】

駒形茂兵衛……高橋克彦（作家）
お蔦……………村松文代（IBC岩手放送アナウンサー）
辰三郎…………坂田裕一（県演劇協会副会長）
お君……………工藤愛子（盛岡子供劇団じＡＴＳきゃあ）
平手造酒………斎藤純（作家）
助五郎…………栃内松四郎（県水泳連盟会長）
久太郎…………宮森淳博（岩手日報社編集局次長）
浅吉……………佐藤邦宏（ＮＨＫ盛岡放送局長）
盛劇一家………赤坂俊夫（赤坂病院理事長）
盛劇一家………落合昌幸（朝日新聞盛岡支局長）
国定忠治………高塚猛（盛岡グランドホテル社長）
船戸の弥八……伊勢二朗（もりげき演劇アカデミー副校長）
弥八の子分1…道又力（脚本家）
弥八の子分2…北上秋彦（作家）
船頭A…………小原啄葉（県俳句連盟会長）
船頭B…………奥瀬素玄（書家）
お照の父………高橋爾郎（県歌人クラブ会長）
お照……………山田美保（岩手朝日テレビアナウンサー）
お光……………山本玲子（啄木研究家・エッセイスト）
庄吉……………藤澤豪（フルベール岩手販社代表取締役）
板前……………前田正二（ＩＢＣアナウンス学院副学院長）
お仲ばあさん…真木小苗（劇団帯の会）
お松……………大槻由生子（日本ヨーガ学会岩手県連盟理事長）
帳付け…………太田幸夫（盛岡劇場館長）

第三回公演エッセイ

盛岡文士劇観劇記

桑原　治男

一一月二九日。昼前に盛岡劇場に到着。公演を告げる幟が風にはためいている。早速、楽屋に向かった。男性出演者用楽屋の大部屋に一歩足を踏み入れた途端、近代的な公共ホールの一室に、江戸の世界が出現した。床には薄縁が敷かれ、丁髷に着物姿の役者であふれている。床山さんはかつらの手入れに余念がなく、化粧方がズラッと並んで役者の顔に筆を入れている。祭りの前の浮き立つような雰囲気が漂い、妙に懐かしい気持ちに襲われた。全員が、学芸会を前にした子供のような顔をしている。

さて我らの高橋さんはというと、楽屋の一番奥で牢名主よろしくデーンとかまえておられた。頭に羽二重を締め、眉毛をキリリと引いて浴衣でくつろぐ様子は、座長の貫録タップリである。演じるは主役の駒形茂兵衛。横顔を眺めていて、ふと写楽の大首絵を思い出した。周りを囲むのはヤクザの子分に扮する北上秋彦さんと道又さん、平手造酒役の斎藤純さんだ。北上さんは初めての出演とあって、なれない扮装に少し恥ずかしそう。斎藤さんは黒の着流し。四谷怪談の伊右衛門もかくばかりと思わせる妖しい風貌。

しばし歓談ののち、最後の通し稽古を見せてもらった。高橋さんの演技はさすがに堂に入ったものだ。が、全体としては、セリフが完全に入っていない役者がいたり、掛け合いもぎこちなく、展開の段取りもバタバタとしている。あと少しで本番が始まるというのに、こんなことで大丈夫なのだろうか。劇場の外には、折からの雨のなか、二時間も前から客が並んでいる。こちらの心配をよそに、楽屋に戻った出演者は、慌てるふうなくゆったりと構えている。客入れが始まった。楽屋のモニターには、あっという間に人で埋まってゆく客席が映し出される。

いよいよ開演の時がきた。観客の反応はよい。セリフも稽古の時と打って変わってなめらかだ。アドリブもポンポン飛び出す。出演者は作家やアナウンサー、実業家、と多士済々。本番に強いのだ。あまりの変わりように、思わず唸ってしまった。芝居の出来は、客席から出てくる観客の顔を見れば明らかだ。みな満足そうに帰ってゆく。大成功のうちに、初日の長い一日は終わった。

明けて三〇日、昼の公演も盛況のうちに終わり、夜の公演を残すのみとなった。楽のお芝居は客席で観た。満員御礼のなか、幕が上がる。第一部の、盛岡弁で演じられる「鶴の恩がえし」に観客は沸き、口上での南部の殿様からの下々への申し渡しに笑い楽しむ。東京では感じることの出来なくなった共同体の感覚が、盛岡にはまだ生きている。「一本刀土俵入」が始まり、乗りに乗った役者の熱演に、会場は一体感に包まれる。盛岡でしか通じないアドリブに楽屋落ちの危険を孕みながらも、商業的な演劇が主流となった現在、出演者観客共に地域に根ざした芝居は新鮮ですらある。盛岡に文士劇が復活して三年目、地元の温かい眼差しに支えられ、村祭り的な芝居の原風景をほどよく残しながらしっかりと根づいているのが感じられた。客席からの花束に顔を埋めるようにしてフィナーレに立つ出演者に、割れんばかりの拍手がふりそそぐ。

終演後、近くの居酒屋で編集者の方々と高橋さんら出演者を待ち構えた。劇場での打ち上げを抜け出して駆けつけた高橋さんの表情は、体の疲労とは逆に晴れやかだった。大いに飲み、語り、盛岡の夜は更けていった。

■初出：高橋克彦ファンクラブ会報「キリカミアキラ」50号

盛岡版『鶴の恩がえし』

一本刀土俵入

第四回　盛岡文士劇公演

盛岡劇場メインホール

平成10年11月28日（土）①午後6時30分開演
29日（日）①午後2時開演　②午後6時30分開演

盛岡版『ロミオとジュリエット』
──一《はじめ》と節子の場合──

【STAFF】

原作／ウィリアム・シェイクスピア
脚本／昆明男（岩手県文化振興事業団）
演出／小野寺瑞穂（帯の会）

原作の「ロミオとジュリエット」は、イタリアのヴェロナ市にある名門の若い男女の恋が、両家の闘争のため悲劇的な死で終わるという物語。シェイクスピア最初の抒情悲劇である。盛岡版の「ロミオとジュリエット」は、場所を盛岡に、時代を啄木と節子の青春時代に置いた喜劇。有名なバルコニーのシーンを盛岡弁で演じると一体どうなるのか？

【CAST】

石川一……江幡平三郎（ＩＢＣ岩手放送アナウンサー）
堀合節子……熊谷麻衣子（岩手めんこいテレビアナウンサー）
節子の父……栃内松四郎（県水泳連盟会長）
節子の母……佐藤みさ子（新渡戸センター）
堀合家の乳母…畑中美耶子（盛岡子供劇団ＣＡＴＳきゃあ主宰）
野村平次……伊波伴准（岩手朝日テレビアナウンサー）
がらっ八……植田功一（ＮＨＫ盛岡放送局アナウンサー）
金田一大介……畑中賢治（エフエム岩手アナウンサー）
尼僧……高橋佳代子（「おもいッきりテレビ」キャスター）

『忠臣蔵外伝　土屋主税』

【STAFF】

脚色演出／斎藤五郎（実行委員会事務局長）
演出助手／藤澤豪（フルベール岩手販社代表取締役）

「忠臣蔵外伝　土屋主税」は数ある赤穂義士外伝の一つで、歌舞伎などで演じられたものを脚色した作品。殿中での刃傷事件以来、世間では吉良邸にいつ討ち入りがあるのか待っているが、浪士はなかなか起ち上がらない。皆がじれていたとき、討ち入りが決行される。その報せを聞いて多くの人が感動し、快哉の声を上げた。山鹿流の陣太鼓が、絶妙な効果音として生かされている。

【CAST】

土屋主税……………高橋克彦（作家）
赤垣源蔵……………斎藤純（作家）
大石内蔵助…………中原祥晧（岩手日報社論説委員長）
大高源吾……………宮森淳博（岩手日報社編集局次長）
宝井其角……………前田正二（IBCアナウンス学院長）
土屋家腰元頭………大槻由生子（日本ヨーガ学会常任理事）
土屋家腰元…………相澤超子（NHK盛岡放送局）
土屋家腰元…………熊谷志衣子（十五代目鈴木盛久・御釜師）
土屋家腰元…………山本玲子（啄木研究家、エッセイスト）
土屋家家臣…………北上秋彦（作家）
土屋家家臣…………佐藤邦宏（NHK盛岡放送局長）
土屋家家臣…………久慈竜也（盛岡青年会議所顧問）
土屋家家臣…………道又力（脚本家）
土屋家中間…………宮川康一（盛岡演劇協会副会長）
土屋家中間…………伊勢二朗（もりげき演劇アカデミー副校長）
？……………………ザ・グレート・サスケ（みちのくプロレス代表）
盛岡劇場小屋主……太田幸夫（盛岡劇場館長）

「文士劇」

鯉沼　和子

盛岡劇場は五百人ほどのキャパの、良い意味でこじんまりとした、あたたかい感じの見やすいホールでした。私は一列目花道の横に陣どりました。おまけになりますが、開演前に斜め後ろにいた年配の女性にお漬け物をいただきました。開演前、ホールで隣り合わせになっただけなのに「大阪からわざわざ来たから…」と。あたたかい人がいる街だな、と幸せな気分に包まれました。プログラムはアナウンサーの方々が中心に出演される「ロミオとジュリエット」、「口上」そして高橋先生はじめ、そうそうたるメンバーの「忠臣蔵外伝　土屋主税」で、私は失礼ながらも皆さん素人だし、きっとセリフは棒読みで、とちったりもご愛嬌、という学芸会ノリのお芝居をされるのでは、と思っていたのですが、幕が上がると、あまりに真剣で本格的なことに驚かされました。「ロミオとジュリエット」は盛岡弁で、主人公を啄木と節子に置き換えた、盛岡ならではのコメディでした。盛岡弁はあまりわからなかったのですが、さすがアナウンサーの方々、発声や発音がとても良く、長ゼリフもすらすらで感心しました。乳母役の人がとても良い味をだしていて、私にはとても面白かったです。

そして口上の後、お待ちかねの「土屋主税」。衣装やお化粧も本格的で、皆さん一生懸命に演じておられました。冒頭の盛岡劇場館長さんの長ゼリフには私も一緒に緊張してしまいました。その後花道からでてきた二人組の方はとても芸達者で面白いかけあいを見せてくれました。皆さんセリフもちゃんと入っていて、その上しっかり演技されていました。

そして高橋先生の土屋主税は、少々調子がよくて、バカ殿っぽい（すいません）雰囲気もただよわせている殿様で、何だかとってもはまっていました。演技も素人離れした堂々たるもので、声も良く通り、何より存在感があり舞台映えしていました。そして、とても楽しんで演じておられるのが伝わってきました。大阪からはるばる観にきた価値がありました。またぜひ来たいと思いました。

■初出：高橋克彦ファンクラブ「キリカミアキラ」65号

第五回　盛岡文士劇公演

盛岡劇場メインホール

平成11年11月27日（土）①午後6時30分開演
28日（日）①午後2時開演　②午後6時30分開演

盛岡版『坊っちゃん』

【STAFF】

原作／夏目漱石
脚本／昆明男（岩手県文化振興事業団）
演出／小野寺瑞穂（盛岡演劇協会）

場所を盛岡の旧制中学校に置き換えた喜劇。東京下町生まれの「坊っちゃん」が盛岡に教師として赴任してくる。マドンナに横恋慕する赤シャツは、校長と野だいこの手を借りて、マドンナの婚約者うらなりの遠野への転勤を画策。それを知った坊っちゃんは山嵐と三人を懲らしめることに。そのため送別会に、赤シャツが目を付けている芸者の小鈴を呼ぶことにするが……。

【CAST】

坊っちゃん……古川興二（岩手めんこいテレビアナウンサー）
マドンナ………土岐聡子（岩手朝日テレビアナウンサー）
清………………畑中美耶子（盛岡子供劇団CATSきゃあ主宰）
山嵐……………菊池幸見（IBC岩手放送アナウンサー）
赤シャツ………伊勢二朗（もりげき演劇アカデミー副校長）
下宿屋のおばさん…小川マサ（盛岡演劇協会）
うらなり………一橋忠之（NHK盛岡放送局アナウンサー）
芸者の小鈴……佐藤雪江（岩手めんこいテレビアナウンサー）
校長……………菅谷保之（盛岡弁に親しむ会）
野だいこ………長内努（彫刻家）

『極付　国定忠治』

【STAFF】

原　　作／行友李風
脚色演出／斎藤五郎（実行委員会事務局長）
演出助手／藤澤豪（株式会社グランレーヴ代表取締役）

「赤城の山も今夜を限り」の名台詞で国定一家は離散し、忠治は山を下りる。信州へ入った忠治は、村を救うため娘を五十両で売った金を奪われ、首を吊ろうとしている老人を助けた。張本人の悪いヤツは山形屋藤造という土地の親分。忠治は山形屋へ乗り込み、金と娘を取り返してやる。夜旅を急ぐ忠治に山形屋一家が斬りかかるが、それを軽くあしらい立ち去って行く。

【CAST】

国定忠治……高橋克彦（作家）
平手造酒……斎藤純（作家）
山形屋藤造……栃内松四郎（県水泳連盟会長）
おくみ……村松文代（IBC岩手放送アナウンサー）
おたち……山口久美子（現代舞踊家）
おまき……真木小苗（女優）
おそば……大槻由生子（日本ヨーガ学会常任理事）
けい子……加藤由美子（NHK盛岡放送局キャスター）
節子、娘1……山本玲子（啄木研究家、エッセイスト）
おみず、娘2……山崎文子（グラフィック・デザイナー）
喜右衛門……高橋爾郎（歌人）
お芳……吉田瑞穂（IBC岩手放送アナウンサー）
三太……湯田保道（岩手日報社花巻支局長）
馬吉……吉田功（盛岡市立大新児童館館長）
駒形茂兵衛……宮川康一（岩手日報社広告部次長）
定八、弥太郎……北上秋彦（作家）
浅太郎、常吉……道又力（脚本家）

第五回公演エッセイ

盛岡文士劇舞台裏

太田　信子

歳末を彩る盛岡文士劇も大好評のうちに五回目の公演を終えた。

例年、写真同好会「フォトグラファーズ」に楽屋写真の撮影依頼があり、今回もボランティアで協力することになった。

初日の朝、盛岡劇場で職員からフィルムと色彩豊かなＩＤカードを渡され、出演者控室へと足を向けた。

盛岡劇場の一階舞台裏は現代劇「盛岡版　坊っちゃん」出演者控室と出番待ちの小部屋が四つ並んでいる。部屋の前の廊下ではスタッフが忙しく働き、所狭しと小道具が置かれている。

控室の戸をノックすると、舞台衣装がぶら下がっている中から畑中美耶子さんが顔を出し「ア・ヤ・ヤ今年も宜しくお願いしャンス」と、早くも役になり切っている。

隣室の鏡の前では土岐聡子さんと佐藤雪江さんが化粧中。タンクトップ姿の背中の白粉が溌剌とした若さを放っている。

六人の男性出演者控室には入りにくく、入口から顔だけ入れて軽く挨拶する。

二階、時代劇「国定忠治」出演者控室は壁面が鏡張りとなっている大部屋が二つある。男性出演者控室の隅に時代物の衣装や鬘などが置かれ、大勢の出演者やスタッフが忙しく動いている。化粧する人、着付けする人、忙しく立働くなか、高橋克彦さんが上敷きに座り、余裕たっぷりに歓談しているのは流石。

女性出演者控室は、喜寿を迎えた真木小苗さんと七人の女性でとても華やか。浴衣にモンペ姿の大槻由生子さんが、ヨーガやストレッチ体操で体をほぐしているのも面白い。足の爪先を軽々と頭まで上げたのには驚かされた。

三階、口上出演者控室では、実行委員会会長村田源一朗さんと委員さんが厳粛に出番を待っていて、紅一点遠山美知さんの和装姿は凛として美しい。

昭和三十年盛岡文士劇公演で盛岡市長桑島博さんのお父様と共演なさった元岩手県出納長西宮弘さんの娘さんが仙台からおみえになり、控室で市長さんと挨拶を交わしたことも喜ばしい。

初日は朝九時に家を出て帰宅は夜十一時過ぎ、重いカメラ機材を持っての重労働に、体重は一日で二キロも減っていた。

二日目の朝、出演者とスタッフは前日の疲れも見せず、元気な様子で楽屋入り。楽屋とゲネプロの写真撮影の大半は前日に済ませているので、この日は足りないところを補充的に写すことになる。

一階舞台裏の出番待ちの部屋にいると、時代劇の大槻さんと真木さんが入って来て「今年も文士劇写真の年賀状にしたい」とカメラに向かいポーズをとる。そこへ他の出演者も揃い、全員記念撮影となった。高橋克彦さんを中心に思い思いのポーズでカメラに収まる。

間近に見る村松文代さんの美しいうなじに惚々して、数枚の写真を撮らせて頂いた。

そんな中、公演成功のため、私に出来ることはないものかと考え始めた。

文士劇の名場面では「日本一」「大統領」「純ちゃん」の掛声が男性出演者にかかる。しかし、女性出演者への声援はない。勇気を出して声援することにした。

劇の流れを止めたり、出演者をトチらせてもいけない。間合いが難しい。そこで、べテランの畑中さんが花道を歩く時と決めた。

ドキドキしながら「美耶子ちゃん」と大きな掛声を出し、続けて「雪江ちゃん」「オマキさん」「文代ちゃん」と精一杯叫んだ。

少しはお役に立てたかな……。

閉幕後、「有難う、アドリブも良く出ました」と、畑中さんから握手を求められ、周囲を見廻すと皆が満足気。

観客、出演者、スタッフが一体となって楽しめる盛岡文士劇に拍手喝采を送りたい。

■初出：「街もりおか」２０００年１月号

第六回　盛岡文士劇公演

盛岡劇場メインホール

平成12年11月25日（土）①午後6時30分開演
　　　　　　　　26日（日）①午後2時開演　②午後6時30分開演

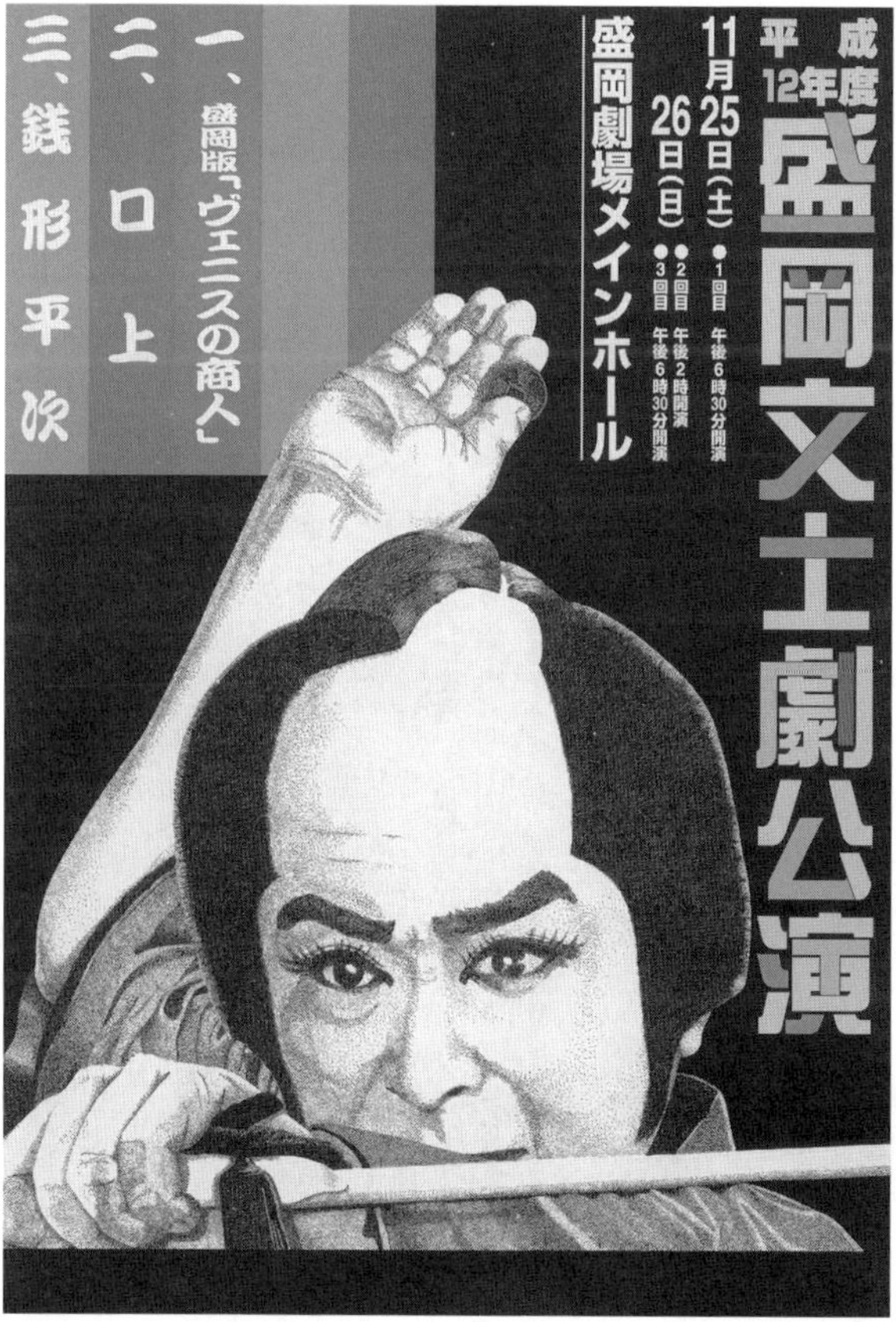

盛岡版『ヴェニスの商人』

【STAFF】

原作／ウィリアム・シェイクスピア
脚本／昆明男（岩手県文化振興事業団）
演出／小野寺瑞穂（盛岡演劇協会）

舞台は盛岡。若手実業家・猪木屋安戸仁衛門が成金の岩鍵屋才六から借りた三千万円。友人の羽左衛門を助けるため、「胸の肉一貫目」を借金のカタにしたのである。石巻から北上する船の積荷で、そんな借金は簡単に返せるはずだったが、台風により北上川が氾濫。岩鍵屋は証文を盾に、胸の肉一貫目を要求する。あまりにも有名な「ヴェニスの商人」を盛岡弁で演じる喜劇。

【CAST】

帆茶子……平田純子（テレビ岩手アナウンサー）
岩鍵屋才六……大塚富夫（IBC岩手放送アナウンサー）
大奥様……畑中美耶子（盛岡子供劇団CATSきゃあ主宰）
お里……坂口奈央（岩手めんこいテレビアナウンサー）
安戸仁衛門……稲塚貴一（NHK盛岡放送局アナウンサー）
羽左衛門……西村正行（岩手朝日テレビアナウンサー）
洒落徳……今川渡祥（IBC岩手放送アナウンサー）
中身屋……川村龍雄（FM岩手パーソナリティ）
書記……伊勢二朗（もりげき演劇アカデミー副校長）

『銭形平次〜消えた三万両』

【STAFF】

原　作／野村胡堂
脚色演出／斎藤五郎（実行委員会事務局長）

呼子笛が高く鳴り響く。走り去る黒い一団。ガラッチパチの八五郎が後を追う。大捕物からの幕開きだ。平次の銭が飛び、江戸城の御金蔵から三万両の大金を強奪した、盗賊団黒手組の一党が逃走する。謎は謎をはらみ、三万両はどこへ消えたか。事件は事件を生んで、銭形平次は重なるアクシデントを如何に解決してゆくか。活劇あり、笑いあり、涙ありの銭形平次人情捕物の一編。

【CAST】

銭形平次……高橋克彦（作家）
お静……熊谷志衣子（十五代目鈴木盛久：御釜師）
八五郎……宮森淳博（岩手日報社取締役事業局長）
理助……野村晴一（野村胡堂・あらえびす記念館館長）
三輪万七……吉田功（盛岡市立大新児童館館長）
お神楽の清吉……北上秋彦（作家）
笹野新三郎……喜多正敏（盛岡市産業部次長）
おしま……岩井志麻子（作家）
平手造酒……斎藤純（作家）
留吉……高橋藤隆（盛岡フォーラム支配人）
おその……風見好栄（IBC岩手放送アナウンサー）
おはま……村田愛子（ファッションデザイナー）
南部の半次郎……藤沢豪（盛岡青年会議所理事）
不来方のお芳……村上由利子（NHK盛岡放送局アナウンサー）
源八……高橋利男（中央映画劇場社長）
勘太郎……渡邊一雄（岩手県立大学教授）
弥吉……塩塚保（産経新聞社盛岡支局長）
素走りの万兵衛…湯田保道（岩手日報社編集局花巻支局長）
おたみ……山本玲子（啄木研究家、エッセイスト）
おきよ……真木小苗（女優）
又造……道又力（脚本家）
女瓦版売り……大槻由生子（日本ヨーガ学会常任理事）

広島版「盛岡文士劇ツアーの顛末」

奥田　紫織

十一月二十六日夕刻、仙台空港内のレストランに腰を落ち着ける司と紫。

紫　（メニューを眺めながら）いっつもは銀河高原ビールと牛タンが決まりなんじゃけど、昨日「食堂園」で食べた、上タン塩の余韻が壊れちゃあいけんけえ、今日は別のもんにしとこうか。

司　それが正解じゃのう。ありゃ美味かった。

紫　生ハムとチーズにしよ。

紫、ウエイターに注文を伝える。

紫　今年は斎藤先生の出番が多かった思わん？「シェイクスピアでも、現代劇でも平手造酒で出る」言いよっちゃけど、ぴったり合うとるよね。はまり役じゃわ。

司　そういや、岩井志麻子先生が出とってなかった。

紫　高松で会《お》うた時には「井戸から出てくる役がええ」言いよっちゃったよね。

司　『四谷怪談』とは違うけえのう。台本見たら、道又さんらと茶店で休む町娘、いうことになっとる。

紫　道又さんいうたら、ほんとに団子たべよってんじゃけえ。それも一本だけじゃのうて。舞台であれだけ寛げるいうんは大したもんじゃわ。

司　そういう役なんじゃろうで。

紫　高橋先生は、どんな役を演ってても様になっとってじゃね。それじゃのに、高橋平次の大活躍を期待しとったのに、なんか脇役みたいで残念じゃった。今は大河ドラマの『時宗』の原稿で大変な時じゃろうけえ、セリフが少ないんは仕方がない思うけど、やっぱり淋しいよねえ。投げ銭の練習に張り切って、肉離れまで起こしちゃったいうのに、肝心の見せ場が、芝居のどさくさで映えんかった。

司　「投げる前に矯《た》めがありゃあえかった」いうて誰かが言いよちゃったが。

紫　歌舞伎みたいに大見得きってもえかったんじゃない？先生がセリフを『銭形平次』

の節で、歌うように言うちゃったじゃろ。上手なんじゃけえ、もっと大きな声で、はっきり歌《うと》うてならよかったのに。あれも残念じゃったわ。えっ！　思うたら終わっとるんじゃけえ。

司　ほんまに、今年は先生の出番がいまいちじゃったよのう。

紫　代わりに半次郎さんが、しっかり主役になっとっちゃた。斎藤先生のセリフ「俺より男前なのが気にいらん」の通りじゃ。若いし、格好ええし、芝居はうまいし。素人のようにはなかった。まあ、合羽さばきで、もたついちゃったんは仕方ない。

司　（ニヤニヤしながら）大衆演劇の人気いうんが、わかるような気がするわ。

紫　『盛岡版・ヴェニスの商人』は、テンポが早《はよ》うておもしろかった。盛岡弁が聞きとれんでも、大体のニュアンスは分かるけえね。セリフを忘れてしもうた大塚アナウンサーは、アドリブのギャグかいうように、うまいこと演技で乗り切っちゃたけえ、よう笑わしてもろうたわ。

司　大塚さんの身になったら、笑えんのじゃがのう。「要らん動きをしたら、余計にセリフが出て来んようになる」言いよっちゃったよのう。

紫　パンフレットに松村アナが書いとっちゃったが、文士劇を観に来るお客は、「完璧な演技は期待しとらん。いつ台詞を忘れ、いつハプニングが起こり、いつ腹を抱えて笑わせてくれるか、そんな期待が漲《みなぎ》っとる」んじゃそうな。その意味じゃあ大成功よね。
司　ま、見とるだけの者《もん》は、好き勝手に批評ができるけど、演る方は大変じゃわい。
紫　あーっ、もうこんな時間じゃ。
司　（一服つけながら）まだ、急がんでもえかろうが。
紫　お土産やら夜食やら買わんといけんのじゃもん。

司と紫、慌ただしく席を立つ。窓外に飛び立つ飛行機の影。

■初出：高橋克彦ファンクラブ会報「キリカミアキラ」85号

盛岡版『ヴェニスの商人』

銭形平次～消えた三万両

第七回　盛岡文士劇公演

盛岡劇場メインホール

平成13年11月24日（土）①午後6時30分開演
25日（日）①午後2時開演　②午後6時30分開演

盛岡弁芝居『これむずら』

【STAFF】

原作／古典落語「らくだ」他より
脚本／藤原正教
演出／小野寺瑞穂

昭和三十年代。盛岡のある長屋所帯。長屋の大家は金にあまりうるさくない男。そんな大家の家に、長屋住まいの「らくだ」が死んだ、と豆腐屋が知らせに来る。喜ぶ大家。というのも、らくだと名付けられたこの男、家賃は払わない、人を見れば金だの酒を無心する厄介者だったからだ。らくだの葬儀をめぐって、長屋で騒動が起こる。古典落語を基に、盛岡弁でつづる喜劇。

【CAST】

大家の金太郎……中村一基（岩手大学教育学部教授）
大家のお上キン…畑中美耶子（盛岡子供劇団CATSきゃあ主宰）
大家の伜桃太郎…神山浩樹（IBC岩手放送アナウンサー）
桃太郎の嫁花子…石川志保（テレビ岩手アナウンサー）
良次……………落合昭彦（岩手めんこいテレビアナウンサー）
らくだ…………伊勢二朗（もりげき演劇アカデミー副校長）
豆腐屋…………稲塚貴一（NHK盛岡放送局アナウンサー）
夢子……………水野悠希（岩手朝日テレビアナウンサー）

『極付幡随長兵衛〜湯殿の長兵衛』

【STAFF】

原作／河竹黙阿弥
脚本／道又力
演出／斎藤五郎

芝居小屋で横紙破りの非道な振る舞いにおよんだのは旗本奴「白柄組」。居合わせた幡随長兵衛が懲らしめる。白柄組の頭領・水野十郎左衛門は「いずれ片をつける」と捨て台詞を残して去る。ところ変わって花川戸の長兵衛の住まい。大久保彦左衛門が、ある忠告をして帰る。やがて水野の使者がきて、長兵衛を酒宴へと誘う。旗本奴が手ぐすねを引いて待つと知りつつ、長兵衛は水野邸へ赴く。

【CAST】

幡随長兵衛……高橋克彦（作家）
大久保彦左衛門…さいとう・たかを（劇画家）
観月菖蒲……山口久美子（現代舞踊家）
お時……村松文代（IBC岩手放送アナウンサー）
お陽……柾谷陽子（漫画家「にざ　かな」）
唐犬権兵衛……宮森淳博（岩手日報社事業局長）
極楽十三……北上秋彦（作家）
小仏小平……道又力（脚本家）
白井権八……村上由利子（NHK盛岡放送局アナウンサー）
水野十郎左衛門…斎藤純（作家）
遠藤守八……石郷岡卓（NHK盛岡放送局長）
渡辺綱五郎……塩塚保（産経新聞盛岡支局長）
卜部季六……村上勝治（岩手県文化振興事業団理事長）
碓井貞七……坂本広行（桜山神社宮司）
坂田金平太……吉田功（大新児童館館長）
一心太助……菅原直子（フリーパーソナリティ）

盛岡文士劇覚書

奥田　耕司

大阪の赤井さんと待ち合わせて皆で盛岡劇場へ。まずは先生にご挨拶。しばし楽屋の見学をさせてもらった後、ゲネプロ（総稽古？）を見せてもらう。客席より楽屋に戻った時に、阿部さんが劇画家の「さいとう・たかを」先生にサイン色紙を書いてもらったのにつづき、妻と赤井さんも「ゴルゴ13」の絵つきサイン色紙を書いてもらう。

◎第一部　盛岡弁芝居「これむずら」

古典落語を基にした喜劇を、岩手の各テレビ局のアナウンサーや大学の先生などが実に楽しそうに演じておられました。だいぶ慣れたとはいえ、いま少し細かい所が分からない盛岡弁。それでも十分楽しみました。

◎第二部　口上

実行委員長をはじめ六名によるご挨拶。文士劇や、盛岡市、岩手県、自分の仕事に対するお話をされていました。

◎第三部　極付幡随長兵衛

江戸中に名の知れた長兵衛を、急ぐでもなく、かといって遅くもなく、実に堂々たる間合いで演じられる高橋先生。一枚目の貫録十分でした。立ち姿にも憂いを含む斎藤純先生は長い台詞も無難にこなし、哀愁を帯びた声で女性ファンの心をつかみ、二枚目の誕生です。後姿を拝見しああなりたいと願ったのは「さいとう・たかを」先生。喜怒哀楽が出ないようにするのは難しいと仰りながら、大久保彦左衛門を淡々と演んじられました。三枚目を争うのは北上秋彦先生か、道又さんか、はたまた白井権八といういかつい名前の役をかわいらしく演じた村上由利子アナウンサーか？　花があり、涙があり、ギャグもアドリブもぴたりとはまる舞台は、乗りに乗った公演になり、生で見る喜びこの上ないものでした。

■初出：高橋克彦ファンクラブ会報「キリカミアキラ」92号

盛岡弁芝居『これむずら』

極付幡随長兵衛～湯殿の長兵衛

第八回　盛岡文士劇公演

盛岡劇場メインホール

平成14年11月30日（土）①午後6時30分開演
12月 1日（日）①午後2時開演　②午後6時30分開演

盛岡版『結婚の申し込み』

【STAFF】

原作／チェーホフ
翻案／昆明男
演出／小野寺瑞穂

原作はチェーホフの喜劇作品のひとつ「結婚の申し込み」。言葉と場所を盛岡に置き換えて翻案した復活第一回作品（平成七年上演）の再演となる。物語は、農家の青年が口の達者な叔母に連れられ、隣家の娘に求婚するために訪ねるところから始まる。青年と娘が両家の対立に巻き込まれて……。普段は標準語を操るアナウンサーたちの盛岡弁への挑戦やいかに!!

【CAST】

慎太郎……高橋裕二（岩手めんこいテレビアナウンサー）
絵里子……小林ゆり子（テレビ岩手アナウンサー）
蔵三……佐藤洸（北声会会長）
照子……畑中美耶子（盛岡子供劇団CATSきゃあ主宰）
敬一……高井正智（NHK盛岡放送局アナウンサー）
康夫……三橋泰介（岩手朝日テレビアナウンサー）
イネ……草葉隆和（岩手ケーブルテレビジョン）
孝一……坂本広行（桜山神社宮司）
良子……松田紀子（岩手県民謡協会）
孫八……伊勢二朗（もりげき演劇アカデミー副校長）

『踊る狸御殿』

【STAFF】

脚本／道又力
演出／浅沼久
監修／斎藤五郎

ここは狸の国。カチカチ山のドン助の娘おぽんは、なぜか狸御殿のきぬた姫と瓜二つ。姫には、むじな御殿の若君との間に見合い話が持ち上がっていた。肝心の姫は、人間の世界に憧れて家出。困った狸御殿の殿様は、おぽんをきぬた姫に仕立てて、急場をしのごうとするが……。狸御殿映画の伝統に従い、歌と踊りを盛り込んだ楽しいお芝居。

【CAST】

殿様……高橋克彦（作家）
奥方……内館牧子（脚本家）
ドン助……大塚富夫（ＩＢＣ岩手放送アナウンサー）
継母おたぬ……村松文代（ＩＢＣ岩手放送アナウンサー）
おぽん、きぬた姫…村上由利子（ＮＨＫ盛岡放送局アナウンサー）
むじな丸……斎藤純（作家）
鼓左衛門……湯田保道（岩手日報社編集局）
シンガー……弘田三枝子（歌手）
ダンサー……山口久美子（現代舞踊家）
狸太夫……北上秋彦（作家）
黒太郎……小森綾子（２００２ミスさんさ）
狸之丞……瀬川君雄（東広社）
狸吉郎……道又力（脚本家）
腰元おはぎ……鈴木耕平（ジャズ講座講師）
腰元おこげ……岩泉大司（岩手県医師会事務局）
踊り手……若泉社中

私は人気女優

内館　牧子（脚本家）

「内館さん、盛岡文士劇に出ない？」

出版社のパーティで、そう声をかけてきたのは斎藤純さんだった。作家で「街もりおか」の編集長である。私は「文士劇」という言葉があまりにも唐突で、思わず言った。

「文士劇って、文士が演ずる芝居のこと？」

会場は作家や編集者でごった返していたが、純さんはグラス片手に言う。

「盛岡では昭和24年からやってたんだよ。一時中断したけど、また復活させてね。高橋克彦さんとか道又力とか、内館さんの知ってる盛岡の作家は総出演だし、出ようよ」

面白そうだ。だが、私は芝居というものをやったことがない。小学校一年の時、学芸会で「一寸法師」に出演しただけだ。それも京にのぼる姫君にお供する腰元役で、ただ立ってるだけ。だが、祖父母や親戚までが見に来ると知った先生が、お情けでセリフをくれた。鬼が出てきたら「ワァ、大変だァ」と叫ぶ一言。「ワァ、大変だァ」だけの女が由緒ある文士劇に出るのは、あまりに厚顔ではないか。

だが、私は快諾してしまった。というのも、亡父は故郷盛岡を愛し抜いていた。その盛岡で文士劇に出ることは、きっと父の供養になると、殊勝な思いを持ったのである。

そして、私は克彦さんと純さんに、役どころの希望を述べたのだが、二人は酒を飲むばかりでろくに聞いちゃいない。ならば、脚本家の道又さんに直接言うまでだ。たかが「ワァ、大変だァ」の女なのに、殊勝も供養もとうに吹っ飛び、厚顔そのものなのである。

「脚本を書く前に、ミッチにお願いしておくね。私、セリフが少なくて目立つ役がいいの。希望としては薄幸のおいらんがいいわ」

「ほうほう」

ミッチの相槌が口先だけと気づかず、私はぶちあげた。

「で、悪代官が克彦さんなのよ。純さんは金と力のない色男の浪人よ。薄幸なおいらんの私は二人の間で揺れるのよ」

「へいへい」

「そして、浪人への想いを胸に、悪代官に手ごめにされて、私は入水して命を絶つの」

「へえへえ」

私はミッチがそういう話を書いてくれると信じ込み、ダイエットに励んだ。薄幸のおいらんは太ってちゃいけません。

そして、ついに台本が届いた。何と、私の役は狸ではないか。タヌキよ、タヌキ。何なの、これは。薄幸のおいらんはどこに行ったの。私はやっとミッチの「へえへえ」に化かされていたことに気づいたのである。あのタヌキッ。ダイエットでフラフラし、役どころでフラフラし、私は先に台本を読んでいた秘書のコダマに言った。

「克彦さんと純さんはどんな役?」

「克彦先生も狸で、純先生はムジナです」

「え……じゃあ私は美狸で、二人の間で揺れるのね」

「そんな色っぽい狸じゃありません。単なる狸です。腹鼓を打ってました。では、私は仕事があるので失礼します」

コダマは悲嘆に沈む私を打ち捨て、帰ってしまった。ああ、狸ならダイエットに励む必要はなかったわ。以後、役作りのためにドカ食いに突っ走ったのである。

これでこりそうなものを、私は今年で四度目の出演になる。東京の編集者たちが「年末の風物詩」として毎年楽しみにしているうえ、盛岡の町を歩くと声をかけられるのだ。

「内館さん、今年も出るんでしょ?」

ホントに人気女優は市民を裏切れませんの。

たかが「ワァ、大変だァ」に喜んで拍手をしていた亡父に、故郷の文士劇を見せたかったとつくづく思う。愛する盛岡で、娘が「人気女優」になったと知ったら、父はどんなに喜んだだろう。

■初出:「街もりおか」2008年11月号

第九回　盛岡文士劇公演　　　　盛岡劇場メインホール

平成15年11月29日（土）①午後6時30分開演
30日（日）①午後2時開演　②午後6時30分開演

盛岡版『シンデレラ』八幡町恋々横丁物語

【STAFF】

脚本／藤原正教
演出／小野寺瑞穂

　舞台は八幡町の洋品店。門限になっても帰って来ない新田かおりを待つ洋品店経営の伯母・井神愛子。かおりは靴を片方だけ引っ掛けて帰って来た。少し遅れて帰って来た洋品店の娘のぞみ。勤め先の同僚との宴会の帰りらしい。パーティで素敵な人に会ったかおりは胸の鼓動を抑え切れない。その後、資産家の息子が片方の靴を持って現れる。童話でお馴染みのシンデレラ物語の盛岡版。

【CAST】

相沢満男……比田美仁（NHK盛岡放送局アナウンサー）
新田かおり……物袋綾子（岩手めんこいテレビアナウンサー）
井神愛子……畑中美耶子（パネット代表取締役社長）
井神のぞみ……中沢麗華（テレビ岩手アナウンサー）
上林徹……矢田雄二郎（岩手朝日テレビアナウンサー）
木村卓次……中村一基（岩手大学教育学部教授）
八卦忠興……伊勢二朗（もりげき演劇アカデミー副校長）

『常磐津林中〜花盛岡街賑《はなのもりおかまちのにぎわい》』

【STAFF】

原作／鈴木彦次郎
脚本／道又力
演出／浅沼久

流派内のゴタゴタから逃れるため、東京に妻を残し亡き父親の故郷・盛岡へやって来た常磐津の名人・林中。自分の芸を磨く一方で売れっ子芸者みよじと浮名を流す。月日が経ち天下の名優・九代目団十郎から共演の要請を受けるが、芸人の意地を貫くためきっぱり断る。その気持ちを変えたのは弟子の一言。「今、おかみさんの元へ戻らねば人の道に外れる」。芸の道を取るか、人の道を取るか。

【CAST】

林中……………高橋克彦（作家）
文蔵……………北上秋彦（作家）
おすず…………村松文代（IBC岩手放送アナウンサー）
みよじ…………瀬谷佳子（IBC岩手放送アナウンサー）
おふみ…………川口純奈（2003ミスさんさ）
親方……………宮森淳博（岩手日報社取締役事業局長）
久保田…………菊池幸見（IBC岩手放送アナウンサー）
京枡屋…………石川富喜蔵治（60歳からの芝居づくり講座終了者）
善兵衛…………湯田保道（岩手日報社編集局）
おきた…………大槻由生子（日本ヨーガ学会常任理事）
治六……………道又力（脚本家）
温習会の芸者衆…常磐津弥衛子（岩手県邦楽協会会長）
温習会の芸者衆…常磐津てる衛（岩手県邦楽協会）
温習会の芸者衆…常磐津洋志衛（岩手県邦楽協会）
温習会の芸者衆…常磐津はる衛（岩手県邦楽協会）
温習会の芸者衆…常磐津てい子（岩手県邦楽協会）

第九回公演エッセイ

文士劇〝常磐津林中物語観劇ツアー〟記

大沼　恵美

最初に結論を言いますと、「素晴らしい舞台」でした!!　また、役者・高橋克彦氏、センセーの違った一面を見ることができて、とてもいい経験になりました。

センセーが演じられたのは、もちろん「林中」です。林中が才能のある人物であることは、東京から遠く離れた盛岡でも頭角を現し、その名声を高めるところからわかります。また、女性にもてる、憧れの存在（!!）、盛岡でも、女性が放っておかないような存在として、描かれていました。

センセーの林中についてですが……。

最初センセーが出てきた時、少し痩せたのかな?　と思いました。（役作りのためやせたのかなと思いきや、体重は変わらないとか。センセーの役者としての腕ですかね）なんだかスラッとしていて、目鼻立ちもくっきり。あの優しそうな目も、きりりと上がっていて、やっぱり、普段と役者の時の顔はまた違うな〜と思いました。ふと笑ったり、流し目をしたりする表情、タバコをすったり、手紙を読む何気ない仕草、カッコよかったですよ♪　それから、和服がとても似合っていました。落ち着いて、貫録があって、常磐津の名人という雰囲気が良く出ていたと思います。

特に最初に着ていらっしゃった、黒い着物が似合うな～と思っていたら……ご本人もそれをしっかりと自覚なさっていたようで、打ち上げの席で作家の北上秋彦さんが、「公演始まる前に、センセーずっと鏡の前であれこれポーズ取ってるの。どれが一番痩せて見えるのか、色んな角度から見て研究しているんだよ～（笑）」と、身振り手振りを交えながら教えて下さいました。（一同爆笑）

研究の成果はもちろんバッチリでしたよ♪　素敵だったのですが、まさかそれを研究していたとは!!　その熱心さとお茶目な所がまた、センセーの魅力だな～と思いました。

さて、センセーの今回の役どころは、思いっきり「二枚目!!」。センセーは、文士劇を何度か見ている方に、「今回は、二枚目でしたね」といわれたことがよほど嬉しかったらしく、公演終了後の打ち上げの席で、「今まで、『今回は二枚目の役どころでしたね～』と言われたことはあったけど、『いや～、二枚目でしたね～』と言われたのは初めてだよ」と、ほくほくと笑みを浮かべつつ、繰り返し語っていました。センセーとお話をした方が仰る通り、正しく「二枚目」でした。しかも、劇中、センセーと女性とのからみもあって……。思わず食い入るようにして見入ってしまいました。みよじを抱き寄せる林中!!　どうなるんだ~センセー!!　どうするんだセンセー!!　とハラハラしながら見ていると、いい所で暗転!!　その続きはどうなったのでしょうか。

渋くて、貫録のある林中（センセー）と、儚《はかな》げなおすず（村松さん）のシーンは美しく、若い子にちょっかいを出す林中と、コギャルのような芸者、みよじ（瀬谷さん）の掛け合いは、のりがよくて、楽しかったです。

私の好きなシーンは、林中とおすずの手紙のシーンです。劇の途中で二度ほど、林中がおすずと手紙のやり取りをするシーンがあるのですが……そこでは、障子が灯りで透けると、悲しげで、儚げなおすずがいる、という仕掛けになっていました。

ここでの村松さんの表情には、思わず引き付けられました。手紙の内容では、林中のためを思い、突き放してはいるけれども、本当は寂しい、そんなおすずの女心が、表情に良くでていると思いました。実際には、手紙のやり取りだけで、相手の表情や、本心は伝わりにくいところだと思うのですが、幻のおすずを出現させることで、手紙の内容を受け止めるまでの林中の心の推移を上手く表現していたと思います。林中は、おすずと会話することによって、迷うことなく己の道を突き進み、心残りなく芸に打ち込むことができたのではないでしょうか。

また、ただ単に手紙の文面を辿るだけでなく、おすずとの会話を通して、魂と魂の交流をしているようにさえ感じられました。おすずの本心を確実に受け止めることによって、林中が冷たい人物というのではなく、おすずの意志を汲み取って行動しているのだ、という風に描き出されている点が、良かったと思います。幻想的で、とても素敵な場面でした。

それから、ラストの方に、文蔵が手紙を読み、涙するシーンがあったのですが、そこは本当に見せ場でした。文蔵がおすずのことを思い、林中を説得するところでは、思わず手に力が入りました。それまで、師匠に素直に従ってきた文蔵が、自分の思いをぶつける。それを役者の北上さんが全身で表現していて、涙が出てきました。北上さんは、舞台上で声と体を震わせながら、本当に泣いていらっしゃって……あれはすごい演技力でした。

そしてクライマックス。はらはらと桜が散る中、東京に戻る決心をした林中。妻を思いながら力強く決意を述べる、見せ場のシーン。ここも泣けました。センセーの台詞ひと言一言が、心に響いてきて……みよじではなく、妻のおすずを選んだ時には、「あ～よかった」と、心から思いました。

以前センセーが「笑いをとるのではなく、真剣に演じたい」と仰っていたのですが、その通り、演技で観客を魅了する、素晴しい舞台だったと思います。

■初出：高橋克彦ファンクラブ会報「キリカミアキラ」78号

盛岡版『シンデレラ』八幡町恋々横丁物語

常磐津林中～花盛岡街賑

第十回　盛岡文士劇公演

盛岡劇場メインホール

平成16年11月27日（土）①午後2時開演　②午後6時30分開演
28日（日）①午後2時開演　②午後6時30分開演

盛岡版『金色夜叉』

【STAFF】

原作／尾崎紅葉
脚本／昆明男
演出／小野寺瑞穂

盛岡の南昌荘でカルタ大会が行われていた。その中に美貌の宮の姿があった。一目惚れした資産家の息子の富山は、南昌荘の主人に宮の親への取り次ぎを頼む。宮には間貫一という婚約者がいた。宮の父親は、富山と宮との縁談話を貫一にする。貫一は宮から直接話を聞こうと、高田松原へ行く。煮え切らぬ宮に「来年の今月今夜になったらば、僕の涙で必ず月は曇らして見せる」と別れを告げる貫一。

【CAST】

間貫一……鈴木直志（テレビ岩手アナウンサー）
鴫沢宮……風見好栄（ＩＢＣ岩手放送アナウンサー）
鴫沢隆三……松本源蔵（岩手県芸術文化協会会長）
鴫沢の内儀……畑中美耶子（パネット代表取締役社長）
富山唯継……三橋泰介（岩手朝日テレビアナウンサー）
箕輪亮輔……上原康樹（ＮＨＫ盛岡放送局アナウンサー）
箕輪の内儀……坂口奈央（岩手めんこいテレビアナウンサー）
箕輪俊……石川志保（フリーアナウンサー）
学生１……宮森淳博（岩手日報社常務取締役）
学生２……玉井新平（岩手めんこいテレビアナウンサー）

『旗本退屈男　謎の南蛮屋敷』

【STAFF】

原作／佐々木味津三
脚本／道又力
演出／浅沼久

直参旗本・早乙女主水之介は江戸一番の人気者。トレードマークは眉間に冴える天下御免の三日月傷。人呼んで〝退屈男〟の名が示す通り、平凡な毎日が続くと退屈の虫が騒いで仕方ない。そんな主水之介のところに、かつての恋人が現れる。この世の天国と評判の南蛮屋敷に入りびたる息子を連れ戻して欲しいとの頼みだ。屋敷の主人は謎の異国人。愛想笑いの裏で恐ろしい陰謀を企んでいる様子。

【CAST】

早乙女主水之介……高橋克彦（作家）
菊路……小林ゆり子（テレビ岩手アナウンサー）
爺や……北上秋彦（作家）
おきん……瀬谷佳子（ＩＢＣ岩手放送アナウンサー）
お牧の方……内館牧子（脚本家）
若君……斎藤純（作家）
徳川家宗……谷藤裕明（盛岡市長）※二十七日出演
徳川家宗……池田克典（盛岡助役）※二十八日出演
お松……佐藤幸織（２００４ミスさんさ）
お竹……畑山文（２００４ミスさんさ）
お梅……藤川淳子（２００３ミスさんさ）
謎の南蛮人……菊池幸見（ＩＢＣ岩手放送アナウンサー）
酒井雅楽守……吉田功（盛岡市立大新児童館館長）
浪人1……湯田保道（岩手日報社事業局次長）
浪人2……道又力（脚本家）
南蛮バンド（キーボード）…伊藤有美（県消費者信用生協）
南蛮バンド（ボーカル&ギター）…南野真紀子（インターワークス）
南蛮バンド（ベース）……成澤有理（マ・シェリ）
南蛮バンド（ドラム）……岩泉大司（岩手県医師会）

第十回公演エッセイ

盛岡文士劇は初体験づくし！

野口　千代美

このたび生まれて初めて盛岡文士劇を体験することができました。しかも、なんと最前列ではありませんか！　色々なコンサートに行きましたが、最前列はこれまた生まれて初めての体験です。明るい場内でセレモニーが始まっている中、身を縮めながら一番後ろのドアから最前列へとダッシュしました。やれやれです。席に着くとファンクラブの方から紙テープと蛍光ライトが手渡されました。「これはいったい何？」「高橋先生が歌う時に使います」「えーっ、高橋先生、歌うの？　みんなで蛍光ライトを振るの？　私が行くのはロック系のコンサートだから、蛍光ライトを振るのは生まれて初めてよー」と心の中で叫んでしまいました。

文士劇は三部構成になっていました。一部が『金色夜叉』、二部が『口上』、三部が高橋先生出演の『旗本退屈男』です。

一部は地元テレビ局のアナウンサーが多く、ちゃんとしたお芝居になっていました。

盛岡弁を生かした台詞も耳に快く響き、素人の文化祭劇程度かなと思っていた私はかなり驚きました。みんなしっかり練習したんだね。貫一がお宮と決別する最後の場面で、隣の席のおばちゃんはなんと号泣してました。その後は二部の『口上』と続き、そしていよいよ高橋先生の登場です。

歳を重ねて物事に動じなくなった私ですが、久しぶりにびっくりしました。高橋先生はステージ狭しと、歌って踊って、さながら高橋克彦ワンマンショーではありませんか！　しかも主人公の退屈男は女性にもてまくり、刀を抜いては悪人を切りまくり、まるで氷川きよしの新宿コマ劇場座長公演を見ているようです。

高橋先生が歌うシーンは、マッケンサンバの松平健と勝負するかのような豪華さです。高橋先生が身に着けた虹色に輝く打ち掛けが松平健の衣装に見えたのは私だけでしょうか。あの衣装は特注ですか？

私は生まれて初めて歌って踊る小説家を見ることになり、あらためて高橋先生の偉大さを思い知ったのです。

高橋先生の前では斎藤純先生も北上秋彦先生も盛岡市長ですら脇役にすぎず、高橋先生はすべての出演者の中心で燦然と輝いていました（高橋先生、来年は『暴れん坊将軍』はどうでしょうか？　ラストシーンでマツケンサンバを歌ってください）。

余談ですが高橋先生の元恋人役で脚本家の内館牧子先生も出演されてました。私は若い頃から内館先生のドラマが大好きだったのでお会いできて本当に嬉しかったです。飲み会では内館先生と高橋先生と一緒に写真を撮っていただき最高にハッピーでした。

今年で盛岡文士劇は一〇周年を迎え、出演する高橋先生は少しお疲れぎみだと思いますが、観客は私のように初めて見る人も多いと思います。ぜひこれからも続けて、見る人に感動を与えてください。そして、くれぐれもお体にお気をつけください。高橋先生がご病気になると悲しい人がたくさんいることを忘れないでくださいね。

■初出：高橋克彦ファンクラブ会報「キリカミアキラ」１０１号

第十一回　盛岡文士劇公演

盛岡劇場メインホール

平成17年12月3日（土）①午後6時30分開演
4日（日）①午後2時開演　②午後6時30分開演

盛岡版『君の名は』
～あの下の橋のたもとで～

【STAFF】

脚本／藤原正教
演出／小野寺瑞穂

「忘却とは忘れ去ることなり」の名台詞で有名な「君の名は」。昭和二十年代後半、ラジオドラマや映画が大ヒットした恋愛ドラマである。今回は舞台を盛岡に移しておかしなラブストーリーが展開。蕎麦屋を営む大宮春樹の一人娘は近所の八百屋の息子に惚れている。だが二人の間を認めようとしない春樹。ある日、四十年前に別れも告げず立ち去った、春樹の心の恋人に似た女性が訪ねてくる。

【CAST】

大宮春樹……鈴木直志（テレビ岩手アナウンサー）
山田トメ……畑中美耶子（パネット代表取締役社長）
大宮裕子……平井直子（テレビ岩手アナウンサー）
浜田勝利……照井健（IBC岩手放送アナウンサー）
島村百合……川原弓奈（岩手めんこいテレビアナウンサー）
香川幸枝……村松正代（NHK盛岡放送局アナウンサー）
佐田賢治……大塚富夫（IBC岩手放送アナウンサー）

『鞍馬天狗』

【STAFF】

原作／大佛次郎
脚本／道又力
演出／浅沼久

ある夜、新撰組が浪士風の男を捕縛しようとした。そこに鞍馬天狗が現れ男を救い出す。男は勤王派の大立者・桂小五郎。新撰組は京に潜伏中の勤王派の名を記した人別帳を手に入れ、全員を葬り去ろうとしている。鞍馬天狗を慕う豆千代から、将軍家の使者が近藤勇を訪ねるとの情報がもたらされた。使者に変装して新撰組屯所へと乗り込む鞍馬天狗。まんまと人別帳奪取に成功するが……。

【CAST】

鞍馬天狗……………高橋克彦（作家）
桂小五郎……………斎藤純（作家）
焼肉食之介…………奥村奈穂美（IBC岩手放送アナウンサー）
骨皮筋エ門…………飯塚洋介（NHK盛岡放送局アナウンサー）
裏切御免太夫………長内努（彫刻家）
杉作……………………山崎文子（グラフィックデザイナー）
近藤勇…………………谷藤裕明（盛岡市長）
土方歳三………………北上秋彦（作家）
沖田総司………………瀬谷佳子（IBC岩手放送アナウンサー）
新撰組隊士1…………湯田保道（岩手日報社事業局次長）
新撰組隊士2…………道又力（脚本家）
豆千代…………………古舘友華（テレビ岩手アナウンサー）
祇園の舞妓1…………畑山文（2004ミスさんさ）
祇園の舞子2…………佐々木礼奈（2004ミスさんさ）
踊り手…………………若泉社中

「盛岡文士劇」を観劇して感激でした

藤原　悦子

第一部が始まる前にアナウンサーの畑中美耶子さん演じるトメさんが花道から現れ、観客を岩手の言葉で沸かせ、袖に入って行くのですが、もう第一部はそこから始まっているんですね。「……がんす」という方言が、どこかで聞き覚えがあると思ったら、映画『壬生義士伝』で中井貴一が話していた言葉だと教えてもらい、なるほどそうだったと思い出しました。局のアナウンサーの方々で演じられた『あの下の橋のたもとで』は、ほのぼのしているのですが、とても色々な見せ場というか、笑わせ場が用意されていました。元々パロディーかなとは思っていましたが、年代物から現代物までと幅広く、客席の年代も様々な方々のほとんどが大笑いの渦でした。どれが演技で、どれが素か分からないのが又味を出していて、演出も役者も一体となった舞台ってこれの事？と頷きっぱなし。第二部は口上となっていて、少し堅苦しいものを想像していました。でも聞いてみると、少しも堅苦しく無く、それどころか皆さん楽しんでやっているのだなーと身振りや言葉の端々に伺われました。さてメインの『鞍馬天狗』が第三部で最後なのですが、どこから高橋先生演じる主役の鞍馬天狗が登場するのか、やっぱり花道だろうなーと思っていたら、その登場のし方もカッコ良過ぎるし、今度作品をテレビ化する時は、主役を張ってしまうんじゃないかとあらぬ想像をしてしまいました。『鞍馬天狗』の名称は知っていても、話の内容は知りませんでしたので、幕末の新撰組に鞍馬天狗が何故絡《から》むのかと思っていたのですが、見ているうちにそんな事はどうでもいいやと見入ってしまいました。高橋先生の早変わりで、頭の烏帽子を外し忘れたままの鞍馬天狗だったりと、計画的な笑い？も盛り込まれ、あっという間に時間が過ぎてしまいました。勤王派と新撰組の決着は持ち越され、来年の文士劇に向かって「つづく」の文字が見えたような気がしてしまいました。カーテンコールの挨拶で盛岡市長のひと言も笑いを誘い、最後の最後まで、本当に楽しませていただきました。

■初出：高橋克彦ファンクラブ会報「キリカミアキラ」１０３号

第十二回　盛岡文士劇公演　　盛岡劇場メインホール

平成18年12月2日（土）①午後1時30分開演　②午後6時開演
3日（日）①午後1時30分開演　②午後6時開演

盛岡版『夫婦善哉』

【STAFF】

脚本／昆明男
演出／藤原正教
監修／小野寺瑞穂

八幡町の芸者・蝶子は川村屋の若旦那・柳吉といい仲に。柳吉には妻子があった。二人はおでん屋で若き日の啄木と出会う。身の上話をするうち、柳吉は駆け落ちを思い立つ。おでん屋を始めた二人だが、柳吉は売り上げを持ち出しては芸者遊びや浄瑠璃の稽古にうつつを抜かす。父危篤と聞き、柳吉は蝶子を置いて駆けつける。おでん屋を汁粉屋に商い替えし、戻らぬ柳吉を待ち続ける蝶子。

【CAST】

蝶子……原田佳子（岩手朝日テレビアナウンサー）
柳吉……岩瀬弘行（テレビ岩手アナウンサー）
お辰……畑中美耶子（パネット代表取締役社長、アナウンサー）
種吉……大塚富夫（IBC岩手放送アナウンサー）
啄木……井上智晶（岩手めんこいテレビアナウンサー）
淳吉……宮森淳博（岩手日報社常務取締役）

『新撰組』

【STAFF】

脚本／道又力
演出／浅沼久

幕末の京都。勤王派の過激集団が、帝を長州に連れ去る計画を進めていた。いち早く察知した新撰組は池田屋を襲い、陰謀に荷担した浪士を全滅させる。一年後、長州と薩摩の連合軍が進撃を開始した。新撰組も伏見に陣を構えるが、近代兵器を装備する薩長軍には勝てない。副長の土方歳三は榎本武揚らと蝦夷地へと渡り、五稜郭にたてこもった。新撰組に最後の時が刻一刻と迫る……。

【CAST】

近藤勇……北方謙三（作家）
土方歳三……高橋克彦（作家）
桂小五郎……浅田次郎（作家）
永倉新八……井沢元彦（作家）
お牧……内館牧子（脚本家）
沖田総司……村松文代（IBC岩手放送アナウンサー）
原田左之介……斎藤純（作家）
井上源三郎……北上秋彦（作家）
市川鉄之進……利根川真也（NHK盛岡放送局アナウンサー）
弥助……菊池幸見（IBC岩手放送アナウンサー）
お百合……兼平華奈子（2006ミスさんさ）
榎本武揚……谷藤裕明（盛岡市長）
杉沢信介……湯田保道（岩手日報社事業局次長）
北館琢磨……長内努（彫刻家）
吉田重蔵……道又力（脚本家）

第十二回公演エッセイ

またふたたびの盛岡文士劇

稲垣　直美

客席暗転。

薄暗い舞台の奥から、青い光が洩れてくる。

下から徐々にせり上がってくる逆光の人影たち。腕を組み、あるいは刀の柄に手を添え、あるいは片膝をつき、あるいは堂々と威厳に満ちた仁王立ち。

青いバックライトに浮かび上がるそのシルエットから、新撰組隊士とわかる武士達が、決めポーズのままゆっくりと姿を現してくる……。
カ、カッコええ!!
テンションが一気にあがった幕開けでした。

話は池田屋から鳥羽伏見の戦いへ、そして五稜郭での土方の最後まで、笑いあり、激しい立ち回りあり、涙ありの王道ストーリー。

今年はいつもにも増して豪勢な顔ぶれです。

さすがの名演技が光り輝く土方歳三・高橋先生はもちろん、貫録十分の近藤勇・北方謙三さんと、台詞がとんでもじっと前を見据え最後まで演じきった桂小五郎・浅田次郎さんのご両人は初めてのご参加。激戦の五稜郭で土方から写真を託され、泣く泣く脱出しながらも戻って土方の最期を見送る市川鉄之進の姉に内館牧子さん。

「姉」を強調しつつも「こんな役ばっかり…沖田総司をやりたいわ」とぼやいて笑いをとっておられた内館さんは、三度めのご出演ということで余裕の大女優ぶりです。

鉄之進役の利根川さん（NHKアナウンサー）の熱演も素晴らしかったです。鉄之進にぴったり。こう言っては失礼かもしれませんが、舞台上では本当に幼さの残る少年のように見える方で、高橋先生が、

「利根川君が泣かせるのよ」

と、その熱演ぶりにつられて本当に涙が出たとお話になっていらした声が聞こえた時には、なるほどとこっそり頷かずにはいられませんでした。

個人的には『輪違屋糸里』と『壬生義士伝』で感動させられてしまった浅田次郎さんの奮闘振りに大きな拍手！

多くのお客さん達からの応援の声がかかったりと、もしもラジオだったら放送事故になってしまうほどのダンマリに大いに盛り上がっていたのですが、終演後、舞台を下りた道又さんが、

「間違えた所や失敗した所を好んで放送に使わないで欲しいな！」

と少し悔しそうにお話されていたのを漏れ聞いて、本当に一所懸命、完璧な舞台を見せようと皆さんで頑張ってこられたのだなぁと感じましたので、ちょっとだけ、ハプニングを楽しんでしまって悪かったかな、という気持ちになりました。

さて、当然のことながら、文士劇は第三部だけではございません。第一部のお国言葉で綴られる現代劇（今回は「夫婦善哉」）と、第二部の「盛岡文士劇実行委員会」の皆様による「口上」も、とっても楽しいです。十二回目にあたる今回の文士劇は、盛岡市・玉山村合併記念となっておりました。このホットなご当地ニュースは文士劇のそこここに織り交ぜられ、そのたびに客席が沸いておりました。盛岡弁、全部を聞き取れないのが非常に残念です。

でも台詞がとんだりして冷や汗を流しておられるのを見ると、一緒にハラハラして応

援したくなってしまうのですよ、笑っちゃいながらも。

たくさん稽古されたであろうカッコイイ立ち回り、生き生きとした表情で動き、話す役者の皆様、凝った舞台セット、効果的な照明、美しい衣装……どれも素晴らしく、去年より数段パワーアップ！　力の入った舞台作りはちゃんと伝わってきました。

感動のラストシーンでは『炎立つ』や『火怨』が頭をよぎりました。最後の戦いに倒れた土方の身体を揺さぶり名を叫ぶ鉄之進、二人のまわりを舞い飛ぶ無数の白い雪、晴れやかな笑顔で涙を流す土方歳三、そのまなざしの向こうには、先に逝った仲間たちが揃って迎えに来てくれているんですから……。

■初出：高橋克彦ファンクラブ会報「キリカミアキラ」１０４号

第十三回　盛岡文士劇公演

盛岡劇場メインホール

平成19年12月1日（土）①午後5時30分開演
2日（日）①午後1時開演　②午後5時30分開演

盛岡版『芝浜』八幡町出世横丁

【STAFF】

脚本／藤原正教
演出／小野寺瑞穂

八幡町の魚屋の主人は酒が大好きな勝治である。勝治には女房トメと一人娘がいた。娘を結婚させたいものの蓄えがなく、嫁入り支度もままならない。仕入れに向かう途中、大金を拾う勝治。帰宅してお祝いだと酒を飲み寝てしまう。翌朝、金の話をするが、トメは「夢でも見たのでは」という。三年後。勝治の頑張りもあって、商売も軌道にのったところで、トメが「実は……」と切り出す。

【CAST】

大磯勝治……大塚富夫（ＩＢＣ岩手放送アナウンサー）
大磯トメ……畑中美耶子（パネット代表取締役社長）
大磯洋子……丹野尚子（岩手朝日テレビアナウンサー）
井上一郎……玉井新平（岩手めんこいテレビアナウンサー）
山本一郎……蔦京平（テレビ岩手アナウンサー）
石田礼子……瀬谷佳子（ＩＢＣ岩手放送アナウンサー）
石田鉄蔵……宮森淳博（岩手日報社常務取締役）

『丹下左膳』

【STAFF】

原作／林不忘
脚本／道又力
演出／浅沼久

「姓は丹下、名は左膳」の名台詞でお馴染み。片眼片腕ながら剣をとっては無双の達人、丹下左膳。さて事件は、日光東照宮の大修理が柳生対馬守に命じられたことから発生する。修理費に充てるため、百万両の秘密を封じた壺を探す対馬守。しかし既に壺は左膳が、その価値も知らぬまま持ち去っていた。財宝をめぐり、柳生対馬守、その弟・源三郎、そして左膳による三つ巴の争奪戦が始まる。

【CAST】

丹下左膳……高橋克彦（作家）
お藤……藤田弓子（女優）
与吉……菊池幸見（IBC岩手放送アナウンサー）
柳生対馬守……北上秋彦（作家）
柳生源三郎……斎藤純（作家）
萩乃……村上まゆこ（フリーアナウンサー）
徳川吉宗……谷藤裕明（盛岡市長）
田丸主水正……長内努（彫刻家）
丑松……湯田保道（岩手日報社事業局次長）
お清……阿部紗也加（2007ミスさんさ）
井之介、忍者1…ロドリゲス井之介（漫画家）
準之介、忍者2…中山準之助（NHK盛岡放送局アナウンサー）
世之介、忍者3…道又力（脚本家）

第十三回公演エッセイ

ホームページでもくだをまく〔仮〕

ロドリゲス井之介（漫画家）

みちのくで役者デビュー!….の巻

演技ってムズカシイなぁ～マジで。

「第13回盛ＯＫ文士劇公演」に向けて、日々稽古に勤しんでいます。うーん、体を動かしながらというか、そう言うことを意識しながら何かを喋るって本当に大変。基本的には机に向かって、常時妄想を繰り返している訳ですから、勝手が違い過ぎる!!だいたい、腹の底から大きな声を出すことなんて日常ではありえないですからね。

それプラス演技って!?

そんなに激しい動きをしている訳でもないのに、脇から首筋と汗ダラダラ。……っていうか、冬の盛岡ですよ!! おかしいって!! かなり、演出の監督さんからも怒られていますね――。40歳近くなって、最近あまり人から怒られなくなったなぁーなんて思っていたら、全然だよ！　なんか怒られまくりだよ!!　凹《へこ》むっつうの!!

　しかしまぁ約500席の会場で、きちんとお金を頂いて見せる舞台ですからね。しっかりとしたいい立ち回り、そして演技が出来たら嬉しいなと思うんですよ。自分なりの最高の表現が出来たらと。……ってオレ漫画家でしょ～。

冬の盛岡。真っ白に燃え尽きました…の巻

　いやーやってまいりました!!

　盛岡文士劇!!舞台俳優としてデビューさせて頂きました!!　っていうかマジで大変でした……。だってあまり人前に出たくないから漫画家という仕事を選んでいるのに……。2日間で3公演だったのですが、緊張感が凄いですね。ほぼ1日中緊張している……というか気を抜くヒマがない……。出番までの間ずっとですよ。台詞と殺陣を頭の中で何回もリピートするんですけど、いざ実際に体を動かすとなると勝手が違い過ぎて……。

　舞台に立った瞬間、頭の中は真っ白でしたね。ただ必死にやみくもに。舞台上では緊

張というよりは飛んじゃっている!!　……感じ。

だってスポットライトのせいもあるけれど、500名近いお客さんなんか全然目に入らないですからね。演目が終了してのカーテンコールの時に初めて、「うわっ！こんなに人がいたのかよ!!」って。

3回目の公演が終わって共演者の皆さんとお疲れ様の挨拶をしたら、ちょっぴり涙腺が……。何でしょうかね。自分なりには頑張ったかなと。お金を払って見に来てくれたお客さんに対して、満足の行く演技ではなかったかも知れないけれど……。オレが舞台に向けた情熱は皆さんに……って〜〜〜〜!!!!　オレ俳優じゃないじゃ〜ん!!　……っていうか漫画家じゃ〜ん!!

舞台が終わった翌日、盛岡は雪が降っておりましたよ。

嗚呼、冬の思い出・文士劇。

■初出：『ロドリゲス井之介のホームページでもくだをまく〔仮〕』Vol.39、Vol.40

盛岡版『芝浜』八幡町出世横丁

丹下左膳

第十四回　盛岡文士劇公演　　盛岡劇場メインホール

平成20年12月6日（土）①午後5時30分開演
7日（日）①午後1時開演　②午後5時30分開演

盛岡版『マイ・フェア・レディ』花を召しませランララン

【STAFF】

脚本／藤原正教
演出／小野寺瑞穂

今日も花売り娘・礼子が花を売っている。美人なのに言葉遣いが乱暴だ。「花、買わねが。一本千円だ」。言語研究家の金田が礼子に興味を抱く。「盛岡で生活するためにはきちんとした盛岡弁を使えなくてはならない」。金田と元高校教諭・石川は、一ヶ月で盛岡弁を使えるようになるかどうか賭けをする。礼子を説得し、言語特訓を始める金田。遂にその成果を披露する日がきた。

【CAST】

大路礼子……高橋佳代子（フリーアナウンサー）
金田太郎……鈴木直志（テレビ岩手報道局専任局長）
石川健一……大塚富夫（ＩＢＣ岩手放送アナウンサー）
大沢トメ……畑中美耶子（パネット代表取締役社長）
山田清……玉井新平（岩手めんこいテレビアナウンサー）
伊藤もも子……藤原規衣（岩手朝日テレビアナウンサー）
石田誠……宮森淳博（岩手日報社常務取締役）

『宮本武蔵と沢庵和尚』

【STAFF】

原作／吉川英治
脚本／道又力
演出／浅沼久

故郷の宮本村を飛び出した武蔵と又八は、一国一城の夢を抱いて豊臣方の陣営に身を投じる。だが天下分け目の関ヶ原の合戦は、徳川方の大勝利に終わった。それから三年。武蔵が剣の道に精進する一方で、又八は京の都で茶屋を営むお甲の亭主となり、自堕落な生活を送っていた。茶屋の常連は、名門道場の二代目・吉岡清十郎。やがて京の都に武蔵が現れ、清十郎に勝負を挑む。

【CAST】

宮本武蔵……利根川真也（NHK盛岡局アナウンサー）
沢庵和尚……高橋克彦（作家）
お杉……内館牧子（脚本家）
お通……清心（マンドリンシンガー）
又八、権じい…菊池幸見（IBC岩手放送アナウンサー）
佐々木小次郎…斎藤純（作家）
お甲……村松文代（IBC岩手放送アナウンサー）
朱美……藤尾寛子（2008ミスさんさ）
青木丹左衛門…湯田保道（岩手日報アド・ブランチ常務取締役）
吉岡拳法……谷藤裕明（盛岡市長）
吉岡清十郎……井沢元彦（作家）
祇園藤次……北上秋彦（作家）
植田良平……長内努（彫刻家）
大田黒兵助……道又力（脚本家）

第十四回公演エッセイ

盛岡文士劇に感謝！

赤坂　環（フリーライター）

会場の盛岡劇場に着いたとたん、規模は違うけれど、数年前に出かけた東京・東銀座の歌舞伎座にいるような錯覚に陥った。ロビーのにぎわい、豪華な花輪の数々、集まっている人々のうれしそうな表情や会話。そこに立っているだけで、自然と高揚感がこみ上げてきた。

第一部は盛岡弁の現代劇「盛岡版　マイ・フェア・レディ」。岩手に帰ってきた高橋佳代子さん演ずるヒロインの花売り娘がかわいいやら美しいやらで、どんどん舞台に引き込まれる。その一方で、出演者の一部に期待どおり（?）の台詞の「とちり」やカンニングペーパーの「ちら読み」があって、会場は大爆笑の連続。おまけにクライマックスでは、玉井新平アナウンサーが大塚富夫アナウンサーに走り寄る際に思わず「大塚さ〜ん」と本名を叫び、観客の笑いは頂点に（玉井アナ、すみません）。涙を流して笑っていたのは私だけではないだろう。

第二部の口上をはさみ、第三部の時代物「宮本武蔵と沢庵和尚」は、時にドキドキさせ、時にはほろりとさせるような迫真の演技、巧みな台詞回し、迫力ある殺陣シーンなど、まるでプロのお芝居を観ているかのよう。が、たまに出演者の「素顔」が出るような台詞も散りばめられているので、「そうそう、私は豪華キャストの文士劇を観にきたのよね！」とうれしい現実に引き戻される。例えば、ヒロインであるお通役のマンドリンシンガー・清心さんの演奏シーン。お芝居だけでなくマンドリンの演奏と歌まで聴かせてくれるなんて、なんとサービス精神旺盛の舞台なのだろう。さらにストーリーも感動的で、このお通と利根川真也アナウンサー演じる宮本武蔵の最期の別れのシーンでは、私を含め多くの観客が目頭を押さえていた。また、今回の公演であらためて感じたこともある。会場である盛岡劇場の魅力だ。歌舞伎に欠かせない花道が、文士劇の時代物でも活きている。それと何よりも、舞台と観客席とのほどよい距離。観客席に座っていると、出演者の演じることに対する楽しさや喜び、苦労などがそのまま伝わってきて、一体感さえ感じられるのだ。

千秋楽を観た私にとって唯一残念だったのは、内館牧子さんの休演。実は今回の観劇記を書かせていただくにあたり、内館さんが来盛して最初の稽古を見学させてもらったのだが、その時の内館さんの台詞回しは初回とは思えないほど上手く、しかも一同爆笑のアドリブまで飛び出して、聞いているだけでも楽しかった。それだけに本番が楽しみで、休演と聞いた時にはかなり衝撃を受けたのだが、ふたを開けてみると代役の女性の演技がこれまたすばらしく、完成された舞台を見ることができた満足感でいっぱいになった。この女性は演出助手の高野ひとみさんで、稽古の時もその才能を遺憾なく発揮していた。高野さんだけではない。稽古を見学させてもらったおかげで、多くのスタッフのサポートがあって「文士劇」が成り立っていることを知った。

最後の舞台挨拶で作家の井沢元彦さんが「時代劇用のかつらや衣裳を自前で用意できる地方の街は、他にはない」とおっしゃっていたが、そうした「マンパワー」を有するこの街を、私たちはもっと誇りに思ってもいいと思う。新しい「盛岡自慢」のネタをくれた文士劇に関わるすべての人たちに感謝したい。

■初出：「街もりおか」２００９年１月号

盛岡版『マイ・フェア・レディ』花を召しませランラララン

宮本武蔵と沢庵和尚

第十五回　盛岡文士劇公演

盛岡劇場メインホール

平成21年12月5日（土）①午後1時開演　②午後5時30分開演
6日（日）①午後1時開演　②午後5時30分開演

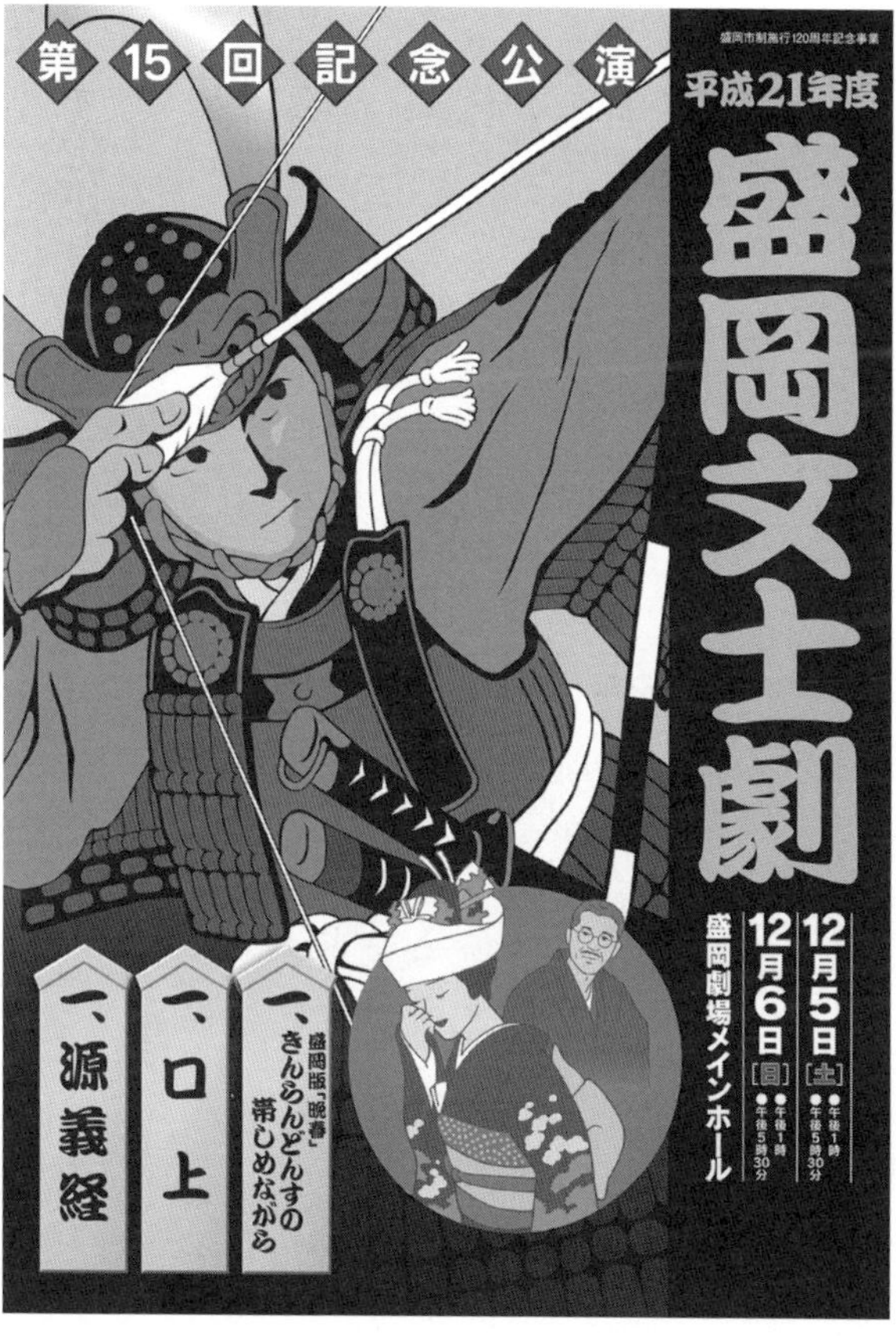

盛岡版『晩春』

きんらんどんすの帯しめながら

【STAFF】

原作／映画「晩春」より
脚本／藤原正教
演出／小野寺瑞穂

画家の松本勝治には一人娘・礼子がいた。妻を十五年前に亡くして以来、二人で暮らしてきた。結婚話に乗り気でない礼子を見て、勝治の姉・大磯トメが、弟を結婚させれば礼子も結婚するだろう、と策略を練る。父親の見合い話を聞いた礼子は不快感を示す。礼子はトメの娘・恵子に相談したりするが、やがて心も落ち着き、勝治の結婚を許すようになる。礼子も見合いし、結婚への道を歩む。

【CAST】

松本勝治……大塚富夫（IBC岩手放送アナウンサー）
松本礼子……中里美佳（テレビ岩手アナウンサー）
大磯トメ……畑中美耶子（パネット代表取締役社長）
大磯恵子……土村萌（IBC岩手放送アナウンサー）
辻よしの……高橋佳代子（フリーアナウンサー）
高橋威……工藤淳之介（岩手めんこいテレビアナウンサー）
山田光子……畑山綾乃（岩手朝日テレビアナウンサー）
田中一徹……宮森淳博（岩手日報社顧問）

『源義経』

【STAFF】

脚本／道又力
演出／浅沼久

藤原秀衡に招かれ平泉で元服を迎える源義経。兄の頼朝が平氏打倒に立ち上がったと聞き、弁慶と共に平泉を旅立つ。その活躍は目覚ましく、一ノ谷の合戦で大勝利を収める。凱旋した義経は後白河法皇に歓迎され、静御前とも再会するが、頼朝の家臣・梶原景時の策謀で都を追われる。平泉に戻った義経を、秀衡たちは温かく迎えた。だが自分がいては平泉を戦火に巻き込むと、義経は苦悩する。

【CAST】

源義経……利根川真也（NHK盛岡放送局アナウンサー）
静御前……八重樫舞（2009ミスさんさ）
藤原秀衡……高橋克彦（作家）
藤原泰衡……村松文代（IBC岩手放送アナウンサー）
武蔵坊弁慶…斎藤純（作家）
佐藤継信……菊池幸見（IBC岩手放送アナウンサー）
佐藤忠信……道又力（脚本家）
金売り吉次…長内努（彫刻家）
後白河法皇…破石澄元（中尊寺事務局執事）
九条兼実……ロドリゲス井之介（漫画家）
源頼朝………井沢元彦（作家）
北条時政……谷藤裕明（盛岡市長）
梶原景時……北上秋彦（作家）
平時忠………湯田保道（岩手日報アド・ブランチ常務取締役）
蕨姫…………松田紀子（岩手県民謡協会）

世界がストップモーション…の巻

ロドリゲス井之介（漫画家）

さてさてまた今年もこの季節がやって参りました。そうです！　盛岡文士劇ですよ!!　12月初旬と言えば！　歴史小説の巨匠・T橋K彦先生が座長を務める日本唯一の文士劇。地元盛岡ではチケット発売の30分後には2千枚近いチケットがSOLD OUT。TV放送もされちゃう文士劇です。私も一昨年出演させて頂き、本当に勉強をさせていただきました。そして去年はお客として観賞させてもらいました。鑑賞後、出演者の皆さんの打ち上げに参加させて頂き、調子に乗ってかなり酒を飲んで、今回文士劇を観ての感想を述べるという段になって……。「オレの出ていない文士劇は何か物足りないんじゃないかと思う!!」などと訳の分からない事を罵ってしまったわけです。まぁこんな話、一般的に言えば酒の席での戯言なわけですが、恐るべし盛岡文士劇!!　しっかり今年はキャストに押し込んできたよ!!　それもかなりちゃーんとした役だよ!!　大丈夫か!!　盛岡文士劇!!　っていうかオレ!!　と、こんな感じで出演が決まり演目は「源義経」。私の役どころは九条兼実。鎌倉時代の京都の公家ですね。後白河法皇という偉い方に仕える身です。おっ、そんなに悪くない役じゃないか！　なんて思っていたのですが、台本読んでビックリですよ。台詞は長いし奇声をあげて走り回ったりで出演時間は10分～15分ですよ。そんなにもたねぇよ!!　だってオレ、漫画家なんですけど……。まぁそんなことを言っても許してくれる文士劇ではないんですけどね……。何回か泊りで盛岡へ稽古へ出掛けて、みっちり演技指導でしごかれて、東京へ戻っても毎日、1時間近くの練習ですよ。ありえない！　オレは何処を目指してんだよ!!

そして12月5日、いよいよ本公演開幕です。500人近いお客さんの前で裏声でキイキイ叫んで、ドタドタ走り回って……。もう～真冬だっていうのに汗だくですよ。着物って重いし、それを何枚も重ね着してますからね。一回公演が終わるとひとマラソン走ってきたような感覚ですよ。そしてありました。本番中に完全に台詞が飛んでしまって頭の中が真っ白になってしまう状況が!!　舞台上の共演者の皆さんが目で訴えています。

「次!!　ロドリーさん!!　セリフ！　セリフ！」

えっオレ？　オレ？　ウソ。えっえっ……全然出てこない～。その間約三秒（後程周りの皆さんからの指摘で発覚）。完全に止まってしまいました。世界が……ストップモーションですよ。何が起こっているんだ～!!　って、オレのセリフが抜けちゃったんだよ～!!　周りの共演者の皆さんと目が合う中で、口をパクパクしている人が……。そう、オレのセリフも覚えている人が……。スゲェ～!!　あんたスゲェ～!!　そしてその口パクパクから言葉を読みとり……。あぁ～そうだったぁ～思い出しました～!!　皆さ～んすみませ～ん!!　何とか乗り切りました。

が、その後3回公演全て本番ギリギリまでセリフの確認を怠りませんでしたよ!!　っていうか怖くて怠れません!!　あんな空気ありえねぇよ!!　500人の人の前で自分が固まっちゃうなんて!!　1000個の目に凝視されているなんて!!　なんとか4回公演を終えました。が……疲れた。疲れましたよ。本当に疲れ切った。ただ、いい舞台になったんじゃないかな。なんてオレが言うことじゃないんだろうけど。

■初出：『ロドリゲス井之介のホームページでもくだをまく〔仮〕』Vol.87

盛岡版『晩春』きんらんどんすの帯しめながら

源義経

第十六回　盛岡文士劇公演　盛岡劇場メインホール

平成22年12月4日（土）①午後5時30分開演
5日（日）①午後1時開演　②午後5時30分開演

『ドンドン　ドンガラ　盛岡ブギウギ』

【STAFF】

原　作／落語「火焔太鼓」より
脚本演出／藤原正教
監　修／小野寺瑞穂

盛岡で骨董を商う大磯勝治。全く商売になっておらず、女房のトメからは尻を叩かれっぱなしの毎日。ある日、勝治は「火焔太鼓」が気に入り仕入れてくる。これは売れると息巻くが、こんなもの売れるはずがないと言うトメ。店員が店先で太鼓を叩いていると、怖そうな男が現れた。「太鼓を叩いていたのはここか。それを持って事務所まで来い」と男は言う。驚く勝治とトメだったが……。

【CAST】

大磯勝治……大塚富夫（IBC岩手放送アナウンサー）
大磯トメ……畑中美耶子（パネット代表取締役社長）
大磯礼子……風見好栄（IBC岩手放送アナウンサー）
松本大志……工藤淳之介（岩手めんこいテレビアナウンサー）
中島洋子……高橋佳代子（フリーアナウンサー）
中島栄治……塚本京平（岩手朝日テレビアナウンサー）
鈴木一郎……渡邊雄介（テレビ岩手アナウンサー）

『世話情《よわなさけ》晦日《みそか》改心《かいしん》』

【STAFF】

原作／ディケンズ「クリスマス・キャロル」
脚本／道又力
演出／浅沼久

高利貸しの徳右衛門は江戸一番のケチ。大晦日に慈善の寄付を集めに来た男も冷たく追い返した。安い給金でこき使っている善兵衛には「正月休むなら、その分を給金から差し引く」と言い渡す。その夜、七年前に死んだ友人の鉄蔵が現れた。「俺は生きている間に人を苦しめた報いを受けている。同じ目にあいたくなかったら、これから訪れる三人の幽霊の言葉に耳を傾けろ」と警告する鉄蔵。

【CAST】

徳右衛門……高橋克彦（作家）
彦太郎……酒匂飛翔（NHK盛岡放送局アナウンサー）
過去の幽霊……近衛はな（女優、脚本家）
現在の幽霊……菊池幸見（IBC岩手放送アナウンサー）
未来の幽霊……内館牧子（脚本家）
お杉……追久保里華（2010ミスさんさ）
お千代……清心（マンドリンシンガー）
善兵衛……北上秋彦（作家）
お梅……大村友貴美（作家）
お菊……土村萌（IBC岩手放送アナウンサー）
谷藤裕之進……谷藤裕明（盛岡市長）
鉄蔵……長内努（彫刻家）
万蔵……菅原和彦（岩手日報論説委員）
勇吉、伸助……松本伸（写真家）
仙太、吾助……道又力（脚本家）

第十六回公演エッセイ

「盛岡文士劇」恐るべし

松本　伸（写真家）

脚本家で大学の1年先輩でもある道又力さんから電話があったのは、8月のやたら暑い日だった。用件は「『黄色いライスカレー』（昨年僕が出演した自主映画）観たから今年の盛岡文士劇に出なさい！」というもの。僕が返事を躊躇しているうちに「それじゃ、よろしく！」と電話を切られた。9月末に全体の顔合わせの会に出席し、これはとてつもなく場違いな所に来てしまったと頭を抱えた。

10、11月は週に3度のペースで夜7時から9時まで稽古の日々。本読みの段階で演出家の浅沼久さんに「声が小さい！　腹から出せ！　滑舌が悪い！　やる気があるのか！」と怒鳴られまくりでビビる。やっと少し声が出るようになり、今度は立ち稽古。ここでも自分のダメさかげんに自信をなくし、10月は稽古に行くのが憂鬱で仕方なかった。それでも、行くことで少しでもうまくなれればと、できるだけ休まないように盛岡劇場へ通った。11月に入り、やっと共演者や裏方のスタッフと話もできるようになり、稽古も少し楽しくなってきた。そのころは台本を離しての稽古。演出の浅沼さんからも怒鳴られることはなくなっていた。稽古後の飲み会は高橋克彦さんが来た時の恒例行事。これも大事なコミュニケーションの場。稽古からはわからない共演者たちの素顔を垣間みられるこの飲み会が楽しみのひとつとなっていた。本番を1週間後に控え、稽古も大詰め。実際の舞台を使った稽古で、再びとてつもない緊張感に襲われる。観客がギッシリ入った客席を想像したら恐ろしくなった。

そして、初日。ほとんど眠れずに盛岡劇場へ。浴衣に着替え、用意された弁当を食べるも、味がわからない。それほど緊張していた。よく段取りがわからないので、他の出演者に聞きながらメイクをしてもらい衣装に着替える。カツラを着けてゲネプロへ。スタッフが忙しく動き回り、あきらかに昨日までと雰囲気が違っていた。緊張しつつも無事に準備を終えてほっと一息。少し緊張も和らぎ楽屋で写真を撮る余裕も出てくる、というかカメラを持っていることで余計なことを考えずにすみ、落ち着いていられた。

いよいよ、本番。克彦さんが音頭を取り、気合入れの一本締め。気分は高揚していた。出番前に、同じく初出場の仲間たちとガッチリ握手を交わしていざ舞台へ。気がついたら最初の自分の出番は終わっていた。スタッフに良かったよと、握手を求められ、無事にできたのだと知った。ホッとすると同時にすぐに次の出番に備えて衣装に着替えた。最後に仕出し屋として舞台に出ると、観客一人一人の顔がしっかり見えた。どの顔もとても気持ちの良い笑顔。幕が下りたときの心地良さは、今まで経験したことのないほどのもの。初日の打ち上げも笑顔、また笑顔。共演の菊池幸見アナに明日もあるんだぞと諭され、深夜12時にタクシーに乗った。

信じられないほどよく眠ってしまい、寝坊してしまった。盛岡劇場に着くと、すでにみんな集まっていた。緊張しているつもりはなかったが、食欲もなく、何も食べずに本番へ。ただ、この二度目の舞台は完璧にできたような気がした。落ち着いて稽古通りのことができたのだ。終わって「よっしゃ」と軽くガッツポーズ。このまま行ければ大丈夫、と思ったのが落とし穴だと最後の舞台で思い知ることになる。

3時間後の最後の舞台。悲劇は起こった。これで最後だということもあったろうし、いいところを見せようという驕《おご》りもあったのだろう。大事な場面で台詞が出てこない。一瞬、頭が真っ白になる。つかみ合いの喧嘩をするはずの酒匂飛翔アナが、目で頑張れと合図を送ってくれて我にかえった。そこからはよく覚えていないが、舞台を下りると背中が汗でびっしょりになっていた。激しい後悔。でも、まだ終わったわけではない。

着替えて気分を入れ替えようとストレッチ、そして大きく深呼吸。最後は思いっきり笑顔で舞台へ。最後の克彦さんのあいさつを聞きながら、客席を見ていたら、なんだかわからないが涙が溢れてきた。この2カ月の日々がグルグル頭の中を駈け巡る。いつもクールな道又さんが僕に近づいて抱擁してくれてまた涙。50人ほどの打ち上げも遅くまで続く。最後は共演した仲間達だけが残った。帰りたくなかったし、いつまでもずっとこうして飲んでいたいと心から思った。

2カ月以上に及ぶ非日常的な生活が終わり、元の生活に戻った。はずなのだが、その後2週間は仕事をしていてもどこか腑抜けのような状態が続いた。ここまでの脱力感は人生で初めての経験。早く終わってほしいと願っていたはずなのに、終わってしまうとこんなにも寂しく感じるとは……「盛岡文士劇」恐るべし、なのである。

■初出：「街もりおか」２０１１年2月号

ドンドン ドンガラ　盛岡ブギウギ

世話情晦日改心

第十七回　盛岡文士劇公演

盛岡劇場メインホール

平成23年12月3日（土）①午後5時30分開演
4日（日）①午後1時開演　②午後5時30分開演

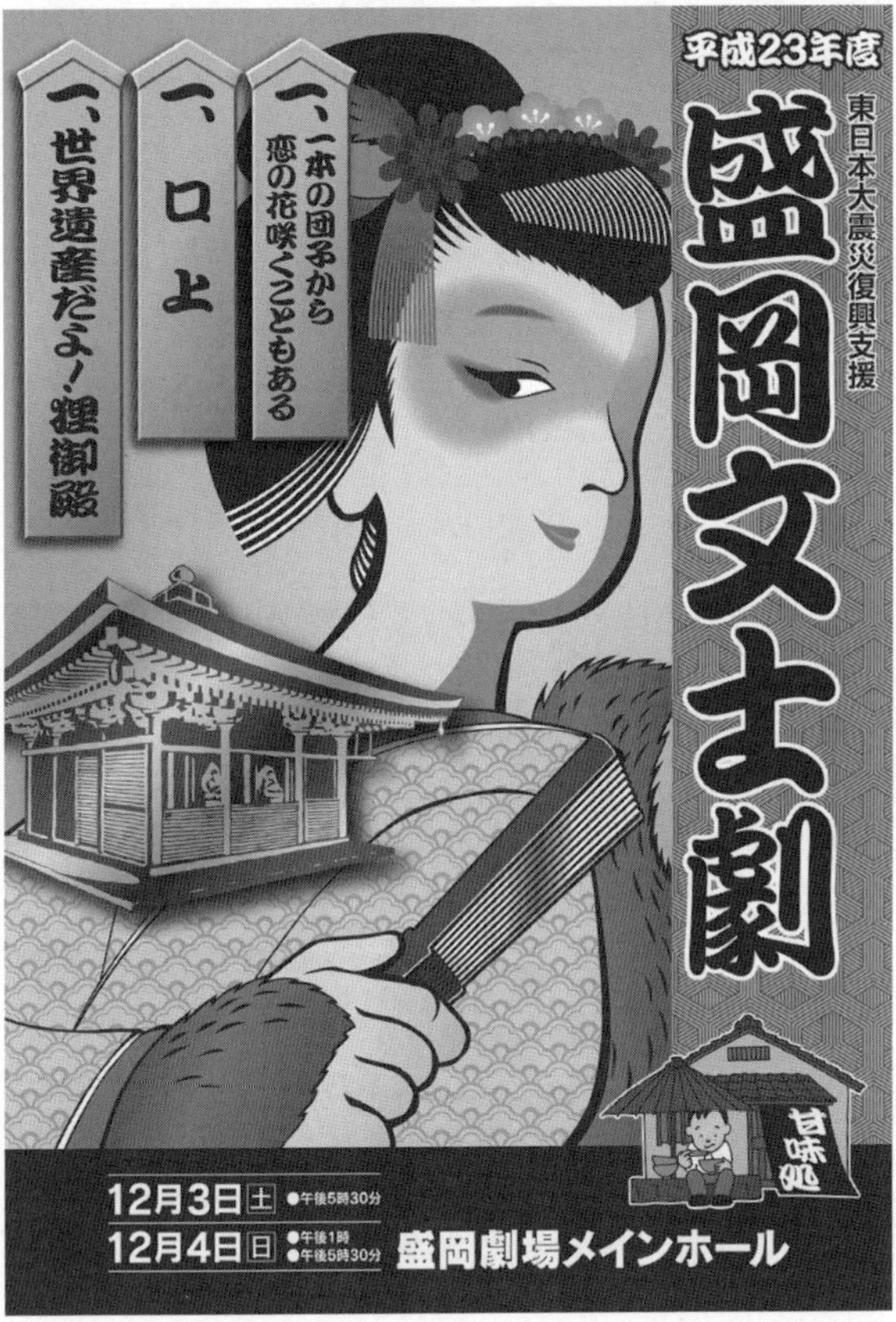

『一本の団子から恋の花咲くこともある』

【STAFF】

脚本演出／藤原正教
監　　修／小野寺瑞穂

【CAST】

花村勝治……大塚富夫（IBC岩手放送アナウンサー）
花村紀子……高橋佳代子（フリーアナウンサー）
花村恵子……畑山綾乃（岩手朝日テレビアナウンサー）
田中トメ……畑中美耶子（もりおか歴史文化館館長）
田中史絵……川部絢子（テレビ岩手アナウンサー）
斉藤幸一……大原崇史（IBC岩手放送アナウンサー）
鈴木洋子……増田優香子（岩手めんこいテレビアナウンサー）

盛岡で甘味処「はなむら」を営む花村勝治。お汁粉が大好きだという若い男がきて、三人前注文する。しかし支払の際、財布が無いことに気づく。男のカバンに入っていた宝くじを代金代わりに勝治は受け取る。ところが、その宝くじが当たってしまった。元の持ち主に返すべきかどうか悩む勝治。実は勝治の娘・恵子が結婚したいと考えていた相手こそ、「宝くじの男」だった。

『世界遺産だよ！　狸御殿』

【STAFF】

脚本／道又力
演出／浅沼久

狸たちが呑気に暮らす狸御殿で大問題が起きた。狸御殿には藤原清衡からもらった宝物がある。言い伝えによれば宝物を守り続ける限り狸御殿の平和は保たれるという。ところが平泉が世界文化遺産と決まったため、宝物を見世物にして荒稼ぎしようと企む一派が出てきた。首謀者は女王きぬたの弟で大臣のむじな丸。そこで女王派と大臣派の双方から歌手を出して歌合戦で決着をつけることになる。

【CAST】

女王きぬた……内館牧子（脚本家）
大臣むじな丸…井沢元彦（作家）
狸吉郎………斎藤純（作家）
おぽん………村上由利子（NHK盛岡放送局アナウンサー）
おこげ………大村友貴美（作家）
おたぬ………村松文代（IBC岩手放送アナウンサー）
おはぎ………渡辺和（2011ミスさんさ）
田原…………高橋克彦（作家）
近藤…………菊池幸見（IBC岩手放送アナウンサー）
野村…………酒匂飛翔（NHK盛岡局アナウンサー）
狸太夫………北上秋彦（作家）
ドン助………道又力（脚本家）
黒太郎………谷藤裕明（盛岡市長）
狸之丞………菅原和彦（岩手日報論説委員）
鼓左衛門……松本伸（写真家）

第十七回公演エッセイ

再び盛岡に！　再び文士劇に！

村上　由利子（NHKアナウンサー）

「おぽんと申します」

ついに、ついに、ついに、恋焦がれた盛劇の舞台に立ちました。しかも、9年前と同じセリフ。感慨深いです。

NHK記者を経て、アナウンサーになって初めて赴任したのが盛岡。そして、3年近い年月を過ごしました。たくさんの方々に出会い、多くの経験をさせていただいたことは、その後の人生に大きな影響を与えています。

その一つが「ブ・ン・シ・ゲ・キ」。同僚からこの言葉を聞いたときには、何をいっているのかさっぱり意味がわかりませんでした。「文士劇」と漢字を聞いてやっとわかったほどです。その後、偶然にも出演する機会をいただき、初参加したのが復活第6回の「銭形平次」。鳥追いの役でした。

まったくの素人ながら、役者のみなさん、裏方を担当してくださる大勢のスタッフの方々、そして観客のみなさんと、まさに「一緒に」作り上げる舞台の楽しさ、「一体感」に、すっかり魅了されてしまいました。

言葉で伝えることしか知らなかったアナウンサーの新人にとって、動き、仕草、ひいては佇まいで伝える、伝えられる、ということを学んだことは、とても新鮮で、貴重な経験でした。伝える楽しさを知った大きな出来事の一つです。その後、第7回の「幡随長兵衛」、第8回の「踊る狸御殿」、で「おぽん」（と「きぬた姫」の二役）を熱演しました（!?）。そのとき、「おぽんと申します」というセリフがありました。

盛岡勤務の後、東京に異動して8年過ごしました。その間、結婚をして息子が生まれました。全国転勤の職業柄、単身赴任ならぬ、子どもを連れての「母子赴任」で、アナウンサー初任地としてゆかりのある盛岡に再び赴任することになりました。

盛岡を離れている間、どれだけ文士劇に携わりたかったことでしょう。あの一体感を一度味わってしまうと、また参加したいなあという思いが、練習の始まる秋口に必ず心の片隅を襲うのです。8月に着任し、幸い文士劇出演へのお声をいただきました。どれだけうれしかったことでしょう。しかも、盛岡で最後に参加した「狸御殿」に関わりがある作品とは、なんとも強い縁を感じます。

しかし、不安がよぎりました。というのは、2カ月に及ぶ練習の間、息子はどうしようか……。まだ3歳なので、到底一人でお留守番などできるわけはないし、連れていってもじっとしていられるわけがありません。迷惑をかけてしまう……。

そんな不安はすぐに打ち消されました。座長の高橋克彦さん、演出の浅沼久さんをはじめ盛劇の方々など、みなさんが「お子さんもどうぞ」と快く受け入れてくださったのです。自分も母親になってようやくわかったことですが、子どもを快く受け入れていただいた、その気持ちだけで、どれだけ心が温まり、救われたことでしょう。本当に感謝しています。

これは盛岡での日常でもそうで、血縁のない盛岡で、地域の方々にどれだけ支えていただいていることか。この「優しさ」は岩手の県民性なのだと思います。盛岡に再赴任できたことにとても感謝しています。

文士劇本番。舞台に上がると、息子が見えました。途中で飽きて、退席してしまうだろうと思っていましたが、3部の時代劇までしっかり家族の膝に座っているではありませんか！　そして上演中はもちろん、緞帳がしまるまでしっかりと……！　息子にも、この芝居の楽しさが伝わったようです！

アナウンサーの新人時代は、一人、仕事も文士劇も猛烈な勢いで駆け抜けた盛岡勤務。今度は、「文士劇」とともに、息子と新しい盛岡の記憶を紡いでいきたいと思います。

■初出：「街もりおか」２０１２年１月号

第十八回　盛岡文士劇公演　　盛岡劇場メインホール

平成24年12月8日（土）①午後5時30分開演
9日（日）①午後1時開演　②午後5時30分開演

『あゝ結婚価千金』

【STAFF】

原　　作／落語「三年目」より
脚本演出／藤原正教
監　　修／小野寺瑞穂

植木屋の鈴木勝治は三年前に妻のトメと死別。トメは死に際に「一周忌まで後妻をもらわないで。もらったら化けて出る」と言い残した。ところが三回忌を過ぎても幽霊は出てこない。娘・恵子に「私、結婚するから父さんを一人にできない。だから結婚して」と後押しされたこともあり再婚。ある日、先妻のトメが突然この世に出てきた。なぜ今頃と勝治が聞くと、恵子が心配で出てきたという。

【CAST】

鈴木勝治……大塚富夫（ＩＢＣ岩手放送アナウンサー）
鈴木トメ……畑中美耶子（もりおか歴史文化館館長）
鈴木紀子……高橋美佳（テレビ岩手アナウンサー）
斉藤恵子……藤原規衣（岩手朝日テレビアナウンサー）
斉藤幸一……浅見智（ＩＢＣ岩手放送アナウンサー）
田中史絵……飛田紗里（岩手めんこいテレビアナウンサー）
山田誠……工藤淳之介（岩手めんこいテレビアナウンサー）

『冨美五郎の嫁取り』

【STAFF】

原作／モーツァルトの歌劇「フィガロの結婚」
脚本／道又力
演出／浅沼久

桃栗太夫の召使い冨美五郎と小間使いの茜は相思相愛の仲。今日は二人の祝言の日だが、茜は浮かない顔。奥方に飽きた桃栗太夫が、茜を誘惑しようと企んでいるためだ。冨美五郎はすぐ祝言を挙げようとするが、桃栗太夫に邪魔される。仲間の軽兵衛に茜の着物を着せ、桃栗太夫との逢い引きの場所へ差し向けようとする冨五郎。奥方の部屋で着替えさせていると、いきなり桃栗太夫が現れた。

【CAST】

冨美五郎……土村萌（IBC岩手放送アナウンサー）
茜……村上由利子（NHK盛岡放送局アナウンサー）
桃栗太夫……高橋克彦（作家）
北の方……林真理子（作家）
牧乃……内館牧子（脚本家）
目代……井沢元彦（作家）
判官代……破石澄元（中尊寺執事）
神官……谷藤裕明（盛岡市長）
梅麻呂……北上秋彦（作家）
権太……菊池幸見（IBC岩手放送アナウンサー）
おさん……佐藤真理江（2012ミスさんさ）
軽兵衛……松本伸（写真家）
吉松……斎藤純（作家）
二郎……菅原和彦（岩手日報論説委員）
三郎……道又力（脚本家）

第十八回公演エッセイ

文士劇は盛岡に限る？

長谷川　恭一（作曲家）

時々読み返す丸山健二著『まだ見ぬ書き手へ』に、「文士劇なるものが存在することを知ったとき、呆れてものが言えず、そのことひとつで文学の世界に失望した」とある。丸山氏が文士劇に呆れた頃、私は思春期の暗くもやもやした日々の中にいた。傍らに酒を置き、実況で映る東京の文士劇を父が観ている。当時、私はことごとく父に反発していて、文士劇もセットで嫌いだった。それからこのかたずっと思ってきた。文士劇なんて……。

前日の荒天から晴れた12月9日の日曜日、積雪20センチメートル。

昨夜は開演に間に合わない人もいただろう。会場の盛岡劇場に入ると予想と違って若い人たちも多い。世代を超えて親しまれていることが窺《うかが》える。

畑中美耶子さん登場。盛岡弁を巧みに操り、幕前から客の心を掴んでしまう技はもう人間国宝級。まんづら、むんづら……マ行4段活用、キマヤゲル（胆焼ける）など次々飛び出す盛岡弁講釈にお客は大喜び。

第一部は地元局アナ中心の現代劇。つい今しがた予習を済ましたばかりの盛岡弁があちこちで台詞に使われ、笑いもバッチリ。

面白いのはお客の反応だ。普段役者でない人たちが短期間の稽古を経ての開幕。台詞を間違えたり飛ばしたり、時には場面ごとごっそり抜けたりするのだが、そうしたＮＧ場面を待ってましたとばかりに沸いてくれる。

演じる側も心得ていて、たっぷりアドリブを盛り込んでのサービス。アドリブと云えばこの人。ラジオのワイド番組でお馴染みの大塚富夫アナのそれは、これまたノーベル賞級。人間国宝とノーベル賞が夫婦役でわたりあう舞台。しかも片方はユーレイときた。面白くないはずがない。文士劇を知りつくす藤原正教氏の台本の妙と心得た。若手アナの皆さんもそれぞれ役どころにハマって言う事なし。ありゃま、文士劇って楽しいみたい。

第二部は「口上」。文士劇実行委員会役員のご挨拶。斎藤五郎氏が「盛岡劇場は来年創立百周年。芸能・文化の殿堂を今後もよろしく」と語ると、「ヨッ！　五郎さん」と掛声。

やがて百年の歴史を迎えるという盛岡劇場を初めて訪れたのは平成5年の2月。市民創作舞台劇のテーマ曲を皆に聴いてもらうためだった。もうすぐ20年経つ。あの日から創作舞台、朗読劇、ミュージカルとさまざまな舞台を大勢の人たちと一緒に作った。懐かしい人たちのほとんどが今日ここに結集して裏方で支えている。盛岡文士劇の土台は盤石だ。

いよいよ第三部『冨美五郎の嫁取り』

当然、序曲から。ラトゥール弦楽四重奏が弾き始める。すると途中から何と！　キャストたちが歌いだす。モーツァルトの『フィガロの結婚』は筋がややこしくてやたら長い。だからあちこちハサミを入れました、という歌詞。

その通りで、モーツァルトの美しい旋律と緊張感溢れる音楽があってこそ保たれる舞台。どうやって文士劇に再構築するか。ところが道又力氏はこの極めて困難なプロジェクトを実現してみせた！　アリアを見事に歌った林真理子さん、ラトゥール四重奏団、そして寺崎巌音楽監督の力を借りて、オペラの香りも漂う。

役者が皆上手い。ヘタも上手い。棒読みも浅沼久演出の指示かな?と思ってしまう。キャスティングも巧み。内館牧子さん、高橋克彦氏ら舞台上の皆が楽しく演じ、それをお客も一緒に楽しむ盛岡文士劇。チョー凄いね。

さて来年のチケットどうやって手に入れる?

■初出：「街もりおか」２０１３年１月号

第十九回　盛岡文士劇公演　　盛岡劇場メインホール

平成25年11月30日（土）①午後1時開演　②午後5時30分開演
12月　1日（日）①午後1時開演　②午後5時30分開演

『いっつもふたりで』

【STAFF】

原　　作／映画「麦秋」より
脚本演出／藤原正教
監　　修／小野寺瑞穂

勤務医の鈴木勝治の長女・紀子は適齢期なのだが、結婚する気はまだなさそう。近所に長く住む田山礼子は、息子と孫との三人住まい。息子・賢一は、数年前に妻を亡くしていた。子供はまだ幼く、母親の礼子に面倒をみてもらいながら、勝治と同じ病院に勤務していた。ある日、賢一に関西の病院に転勤の話があった。賢一は乗り気だが、母親は「ずっとここで暮らしたい」と渋っていた。

【CAST】

鈴木勝治……大塚富夫（ＩＢＣ岩手放送アナウンサー）
鈴木トメ……畑中美耶子（もりおか歴史文化館館長）
鈴木紀子……甲斐谷望（ＩＢＣ岩手放送アナウンサー）
鈴木京子……米澤かおり（岩手めんこいテレビアナウンサー）
田山礼子……高橋佳代子（フリーアナウンサー）
田山賢一……渡邊雄介（テレビ岩手アナウンサー）
山元節子……高井瑛子（岩手朝日テレビアナウンサー）

『赤ひげ』

【STAFF】

原　作／山本周五郎
脚　本／道又力
演　出／安達和平（わらび座）
共同演出／高橋克彦

青年医師の保本登が長崎での修行を終え、江戸へ戻ってきた。登は最新の西洋医学を武器に、医者の頂点を目指すつもりでいた。けれども配属されたのは、治療代を払えぬ貧しい者のため幕府が開いた小石川養生所。所長は〝赤ひげ〟と渾名される無愛想な男である。外診のお供で貧乏長屋、裕福な大名の屋敷、悪のはびこる岡場所などを回るうち、登は赤ひげという人間のスケールの大きさに気づく。

【CAST】

保本登……………工藤淳之介（めんこいテレビアナウンサー）
新出去定…………高橋克彦（作家）
絹代………………柏葉幸子（児童文学作家）
天野源伯…………安達和平（俳優）
まさを……………村上由利子（NHK盛岡放送局アナウンサー）
おふみ……………藤田弓子（女優）
弥助………………北上秋彦（作家）
津川玄三、おとら…斎藤純（作家）
森半太夫…………菊池幸見（IBC岩手放送アナウンサー）
おかね……………村松文代（IBC岩手放送アナウンサー）
おえい……………木村咲（2013ミスさんさ）
松平壱岐守………谷藤裕明（盛岡市長）
岩橋隼人…………菅原和彦（岩手日報論説委員）
おぎん……………澤口たまみ（絵本作家）
おとよ……………とも千代（盛岡芸妓）
竹造、おくま……松本伸（写真家）
鉄…………………道又力（脚本家）

第十九回公演エッセイ

盛岡文士劇、今年も盛況！　感動！　感謝！

工藤淳之介（元めんこいテレビアナウンサー）

「ありがとうございました！」。最後の台詞は座長の高橋克彦先生演じる赤ひげへの謝意を表す叫びだったが、迎えた4回公演の最終回、そこに座長はじめ多くの人に支えられたことへの感謝の想いが加わった。ラストシーンで素の感情が混ざるとは役者としては言語道断だろう。しかし、直後の割れんばかりの拍手に包まれて、満足いただける舞台を届けられたのではと、ほっとした。同時に、今年も出演できて本当に幸せだと、心底思った。

10月のある晩。盛岡劇場でタクシーを降り両手を口元に寄せると、吐く息がいつの間にか白くなっていることに気付き、「今年もこの季節か」と呟く。就職で盛岡に来て5年目の私にとって、それぐらい盛岡文士劇の稽古はおなじみとなった。入社1年目の2009年から3度、今回で4度目の出演である。しかし、今年は重圧が違った。これまでは各局のアナウンサーが盛岡弁を話す現代物に三枚目の脇役で起用された。それでも十分、中学の文化祭の主役が唯一の芝居経験、つまり素人の私には光栄なこと。ところが今年は、盛岡ゆかりの作家の方々を中心に毎年豪華で重厚な舞台を作り上げる時代物から声をかけられた。しかも役柄は、山本周五郎の名作『赤ひげ』で小石川養生所に見習いとしてやってくる若い医師。黒沢映画では加山雄三さんが演じた、ストーリーの軸の人物である。稽古は楽ではなかった。演出の劇団わらび座の看板俳優・安達和平さんからは立ち方や歩き方など基本から教えていただいた。不器用な私は課題をクリアしたと思えば翌日にはまた別の課題に取り組む、まるで受験勉強中の学生のようだった。加えて台詞の量は文士劇史上最多の140以上、登場しない場面はない。受験生、それも分不相応な志望校を目指す感覚だったが、試験と違い、芝居はひとりではないので志望のランクを落とすような妥協は許されず、刻々と迫る本番に向けて不安が募った。そんな中、稽古中にいただいた言葉で印象的なものがある。ひとつは「気持ちを膨らませる」。自分の台詞はもちろんだが、相手の台詞にこそ耳を澄ませ、心を寄せる。そうすれば感情はおのずと高まり、リアクションが決まる。そして、もうひとつが「離見の見」。能の大成者・世阿弥が室町時代に記した能楽論書で日本最古の演劇論とされる「風姿花伝」の言葉で、舞台上の自分を第三者の視点で見る必要を説いている。大学時代にゼミで能を学んだ私がまさか芝居に挑戦し、「離見の見」を活かすように指導されるとは驚いたが、実際に意識すると改善すべき動きや台詞が明確に見えた気がした。自然に話し、動けるようになってきた本番直前の1週間は楽しかった。共演者との掛け合いは喜怒哀楽の起伏を広げる一番の特効薬だ。本番はそこに満員の観衆の笑い声やすすり泣きが加わって、より深く、私を芝居の世界へ誘い、没頭させてくれた。今回の経験はアナウンサー人生の貴重な財産でもある。「気持ちを寄せる」、「離見の見」は、日々の取材やアナウンスメントの質の向上を目指す上で道標となるだろう。来年で盛岡文士劇は20周年だ。今後も微力ながら貢献したい。10月の晩に盛岡劇場でタクシーを降り、「今年もこの季節か」と呟きながら。そして、寒くなる時節に週3回2時間の稽古を乗り切れたのは、毎度稽古以上に長い反省会を兼ねた飲み会と、脚本家の道又力さんはじめ共演者、スタッフの芝居にかける情熱あればこそ。改めてご一緒できた皆様に、この場を借りて心からの感謝を伝えたい。

■初出：「街もりおか」２０１４年１月号

いっつもふたりで

赤ひげ

第二十回　盛岡文士劇公演　　盛岡劇場メインホール

平成26年12月6日（土）①午後1時開演　②午後5時30分開演
7日（日）①午後1時開演　②午後5時30分開演

『シングル・シングル・シングル』

【STAFF】

原　　作／映画「秋日和」より
脚本演出／藤原正教
監　　修／小野寺瑞穂

鈴木トメは一人娘の紀子と二人暮らし。夫の七回忌の日、紀子の結婚話が出るが、母親が一人になることが気がかりな紀子はその気になれない。翌日、トメの妹・礼子が、見合い話を持ってきたが、やはり話に乗らぬ紀子。そこに、トメの夫の会社の同僚だった大磯勝治が、七回忌を知って訪ねてきた。大磯は独身だった。礼子は、紀子が嫁ぐ気になるには、母親が再婚することだと一計を案じる。

【CAST】

鈴木トメ……………畑中美耶子（もりおか歴史文化館館長）
鈴木紀子……………高橋美佳（テレビ岩手アナウンサー）
矢野礼子……………高橋佳代子（フリーアナウンサー）
矢野綾子……………土村萌（フリーアナウンサー）
大磯勝治……………大塚富夫（ＩＢＣ岩手放送アナウンサー）
香川真一……………浅見智（ＩＢＣ岩手放送アナウンサー）
田中葉子……………千葉絢子（岩手めんこいテレビアナウンサー）
香川の友人…………中尾孝作（岩手朝日テレビアナウンサー）
トメの夫の元上司…宮森淳博（岩手日報社顧問）
ジャズ喫茶の常連…有若基（共同通信社盛岡支局支局長）

『新・岩窟王』

【STAFF】

原　　作／アレクサンドル・デュマ
「モンテ・クリスト伯」
脚　　本／道又力
演　　出／安達和平（わらび座）
共同演出／高橋克彦

明治七年春、伊勢屋愛之助と芳乃の祝言の席。突然、警官隊に踏み込まれ、明治新政府転覆を企てた罪で連行される愛之助。密告したのは、芳乃に横恋慕する元旗本の土屋伊織、そして伊勢屋大番頭の村井半蔵と帰朝紳士の大月丹波。地獄島の監獄に送られた愛之助だったが、謎の老人の助けで脱獄に成功した上、莫大な財宝も手に入れる。葵隼人と名前を変えた愛之助は、復讐のため東京へ戻る。

魔法の国から帰宅して

久美　沙織（作家）

第二十回盛岡文士劇『新・岩窟王』に呼んでいただきました。まるで、魔法の国にいたようです。楽しかった！　おもしろかった！なかでも、感激したのは偉大なるスタッフの存在です。

小学生ママ主婦作家は毎日マルチでエンドレス。朝食を支度しベッドをなおし、犬を散歩させ娘を送り、ＰＣメールをチェックしながら洗濯機……てな具合。主要な家事の一分野に「準備と後始末」があります。夫や娘や犬や猫の必要とするものごとに気をくばり、スケジュールを把握し、用をすませたものを片づける。

食料も湯船もゴミ箱も、私がなんとかしないかぎりほったらかしになる運命。

なのに、ああ！　お芝居の現場では、ありとあらゆることを手取り足取り、めんどうみていただけるのです！　かつらのつけはずし、衣装の着脱。脱いだおキモノは、たたんでくださる！　お弁当やおやつがふんだんにあり、なくなればいつの間にか補充してくださる。出番前には呼びにきてくれるし、「ここで待機」「いま行け」を指示、袖に消えてから歩く道筋すら先導してくれます。アホが迷子にならないように。ヴィクトリア朝のお貴族さまだってこんなにお蚕《かいこ》ぐるみじゃなかったんじゃないでしょうか。

おまけに、スタッフのみなさまがたは、疲れてイラついたママのようにキレませんし、ブツクサ小言もいいません。失敗して落ちこみそうになると「だいじょうぶですよ」とニコニコはげましてくださる。総じて控えめな出しゃばらないかたがたですが、何日も共にすごしているとやや打ち解けて、長い待ち時間に――ぽっかり空白の時間がけっこう生じました――いろんな話をしました。かつらの先生のご一門で地味な下働きに献身してくださったかたがたが実は花魁道中の大スターさんなので驚いたり恐縮したり。私たちとは直接あうことがない、大道具や場面転換、照明や音響にも、さらに大勢のスタッフがおられるのです。目にみえない魔法のこびとさんたちのようなスタッフに、芝居は、ささえられているんですね。

気配りこまやかで、愛情たっぷりなこのみなさん。許されるなら、二三人、おうちに連れてかえりたかった（泣）。いやまじで。最後の幕がおりて、もう終わりなんだ解散なんだと思ったら寂しくて、ゴッドマザー衣装担当マダムKに「泣かないの」と頭をなでていただき、ああ、もっとここにいたかったなぁと思いましたです。

よく、役者は三日やったらやめられないと言います。ウケるのが嬉しくて、目立ちたがり気分が満足するからだと思ってました。でも、きっと、それだけじゃない。お芝居は居場所をくれる。一心同体のかけがえのない仲間をつくる。そんなチームにまたもどりたい、身をおきたいと思わずにいられないのではないでしょうか。

妄想とひとり向き合って延々と何百枚もの原稿にすることを一生の仕事としたものは、このたびの体験にコチコチの何かをほぐされました。そう、だから、きっと、文士劇なんですね。

■初出：「街もりおか」2015年1月号

第二章　二十周年記念座談会

現代劇の舞台裏

出席者　畑中美耶子（もりおか歴史文化館館長）
　　　　大塚　富夫（ＩＢＣ岩手放送アナウンサー）
　　　　小野寺瑞穂（ナレーター）
司　会　斎藤　　純（作家、「街もりおか」編集長）

笑って笑って涙がほろり

斎藤　盛岡文士劇は今年で復活20周年を迎えますが、大塚さんは何回目からですか。

大塚　第2回からですね。レギュラーになったのはここ数年。元々は局のアナウンサーが交代で出ていたんです。ここ数年はありがたいことに畑中さんからご指名を受けたりなんかしてね。

小野寺　平成20年の『ヴェニスの商人』以降、連続出演ですよね。

大塚　『踊る狸御殿』で時代劇に行ったりしたけどね。

斎藤　畑中さんは現代劇に第1回から出ていらっしゃいますね。

畑中　はい、1回も欠かさずに。それで平成19年の『盛岡版 芝浜～八幡町出世横丁』の時に、大塚さんと演ってってね、「現代劇はこの感じがいい！」と思ったの。芝居って、笑って笑って涙がほろりというものじゃないですか。その感じがぴったりきたの。私、この文士劇20年の中で、名優が二人出たと思っているの。一人が松本源蔵さんで、もう一人が大塚富夫さん。大塚さんとの掛け合いなら、これからも面白い芝居が作れそうと思ったのが『芝浜』なんです。

斎藤　そういえば、大塚さんの前は源蔵さんとの掛け合いでした。

畑中　源蔵さんのご出演は、最初3回だけだったんです。全国的にも有名な演出家の方が源蔵さんの芝居のビデオを見て、「これはもう、素人には適わない、こんな名優が盛岡にいたのか」と唸ったのよ。だから源蔵さんとの掛け合いももちろんおもしろかったですけど、芝居を作っていくということに関しては、『芝浜』の掛け合いが良かったの。

盛岡弁の難しさ

斎藤　小野寺さんの演出は第1回からですよね。

小野寺　そうですね。平成20年以降は監修として参加しています。台本がきたら、私と畑中さんが男女の登場人物に分かれて盛岡弁のセリフを吹き込んで、CDにして出演者にお渡しししているんです。

大塚　台本は一応盛岡弁で書いてあるけど、こういう言い回しの方がいいんじゃないかというところをお二人が直した上で、出演者に配るわけ。それを聞いてイントネーションを憶えるの。「おしるこ」じゃなくて「おしるこ」ね。

斎藤　大塚さんは盛岡生活が長いですから、盛岡弁はもう大丈夫でしょう?

大塚　いやいや。訛って発音することはできるわけよ。「おら、すごとさいぐ（仕事に行く）」みたいにね。イントネーション、アクセントはまた別なのよ。「おするこ」って言っちゃうんだよね。「おするこ」って言わなきゃいけないのに。

斎藤　今のを活字にするの、どうしましょう（笑）。
畑中　そうなのよ、この曖昧な音とかイントネーションは文字にできないの。
大塚　僕は現代劇と時代劇の両方やったけど、現代劇の難しさは、なんといってもこの盛岡弁。特にアナウンサーは地元出身じゃない人間が多いし。だから、稽古に入る前にＣＤを聞く。このシステムは素晴らしいですよ。
畑中　これは最初っから、20年ずっとよ。
大塚　以前は全体の７割くらいを盛岡弁でやったの。それがだんだん盛岡弁の比率が増えてる（笑）。例えば、最初は「なにを言ってる」だったのが、今は「なにをソってる」となって、本当に盛岡ネイティブになっているんです。
小野寺　だんだん欲が出てきて「憶えている」が「オベデル」になったり。
畑中　お客さんは大塚さんのこと、盛岡ネイティブだと思ってるわよ。
斎藤　遠方からのお客さんにお聞きすると、３〜４割くらいは何を言っているのかわからない、でも面白いって（笑）。
大塚　ギャグは共通で、僕はそこの担当だからね。

カンニングとアドリブ

斎藤 笑って泣かせてという形ができたのは『芝浜』以降ということでしたが。

大塚 林真理子さんがいみじくもおっしゃったんだけど、松竹新喜劇のテイストだって。「デン助劇場」みたいに、大笑いしてホロリとさせるっていうね。そのテイストが『芝浜』以降に強くなったんですよ。

小野寺 落語の演目をやるようになってからは、下町人情話みたいになっていますね。

畑中 それが大塚さんがぴったりなの。そしてね、お客さんに「泣けたった……」っていわれるとちょっと嬉しいんですよ。

大塚 お客さんが文士劇に期待しているのは、役者でもない我々が、セリフをトチったり、忘れちゃったりすること。遠藤周作がやっていた文士劇もそうだった。そこは、現代劇に生きているよね。そして、時代劇の完成度とのバランスがいいんだと思うのね。アンケートを観ても「面白い」と書いてあるのは現代劇で、「立派だった。感動した。

素晴らしい！」っていうのは時代劇ですから、克彦座長の思惑どおりになっていると言っていいよね。いずれ、面白いですよ。現代劇の人情ものに出てからは、自分のギャグが受けたり、わざとヘクったりして会場がわーっと湧いたりすると、思うつぼ。まさに生の芝居の喜びですよ。

斎藤　セリフ忘れるのを芸にしちゃったでしょ（笑）。

大塚　最初は『ヴェニスの商人』。作者がやたら長いセリフをオレに与えてね。まずいなと思って、いろんなところにカンニングの紙を置いたのね。庭の敷石にも書いておいたんだけど、誰かが本番前にうごかしちゃったんだよ（笑）。

畑中　あの時は本気で石を拾って探してたものね。

大塚　カンニングの方法もいろいろ考えたんだけど、いよいよ忘れちゃった時には、いかにギャグで切り抜けるかってことだよね。

畑中　いきなり下手に走って行ったこともあるわよね。

大塚　うん。袖にカンニングの紙を貼っておいたんだけど、今どこをやってるかわかんなくて。

小野寺　あの時には、畑中さん、素で大笑いしてたねえ。
大塚　これがお金を取ってやる商業演劇だったら大変ですよ……あ、お金取ってるけどね（笑）。口上でも社長が「業務にも関わらずセリフを覚えない社員がいて……」とか謝ってる（笑）。とにかく、大塚は危ないと。カンニングのアイデアはいっぱいあった。例えばサラリーマンなら茶封筒を持っててね。すると畑中さんが「なーに、いづまで持ってるの」とか言うわけ。そしたらオレが「これは死んでも離しません」とか言う（笑）。オレの腹づもりとしては、あれホントに忘れてるのか、それとも演技なのか、演出なのかって、それが観客にわからないところでやりたいの。
斎藤　それは稽古の時にもやるんですか。
大塚　ある程度はやるよ。アドリブも、舞台上ではほとんどやらないです。稽古の時に、すべて出しておくんです。そうすれば、やっている人たちも、台本にはないけど、大塚はここでアドリブやるかもしれないなってわかるでしょ。それはやっぱり素人芝居ながらも基本だと思ってる。その基本のわかんねえヤツがいたんだよ。舞台上で本当にアドリブしちゃってさ（笑）。

畑中　あれにはセリフを受ける方も困っちゃう。

大塚　そのあたりを一番心得てるのがオレと畑中さんなんですよ。２人の掛け合いが、安心して見られる、息が合ってるってのは、そういうことなんだと思いますよ。

文士劇との出会い

斎藤　小野寺さんは演出を依頼されたとき、どのように思いましたか。

小野寺　私はちょうど平成６年に仕事を辞めて、その翌年だったんです。ただ、役者はやっていたけど演出というのはやったことがなかったので、心細かったんですけどね。盛岡弁の芝居だっていうことですし、助手を付けてくれるならということで始めました。

畑中　最初はチケットが売れないからって、私は１００枚預かっていました。当時は子ども劇団「ＣＡＴＳきゃあ」をやっていたので、子ども券も作ってもらったんですよ。

斎藤　あの頃は、売れるはずがないって言われましたもんね。

小野寺　そう、でも今のように即日完売ではないけど、じわじわと売れたんですよね。

斎藤　今や役者もチケットを買えない芝居ですからね（笑）。大塚さんは最初、業務命令でやれって言われたんですよね。

大塚　そう。最初は時代劇の『河内山宗俊』なのね。あんまり覚えていないけど、時代劇は面倒くさいな、と思ったね。かつらだとか、白塗りだとかね。演劇的には、演出の斎藤五郎さんから、歌舞伎の演目だからセリフの無い時には黙って立ってればいいからって言われて、気持ちは楽だったのね（笑）。本当に業務の一環としてやってましたね。申し訳ないけど、舞台だ！という感動はなかったかもしれないね。

畑中　『芝浜』以降はお呼びがかからないことはないじゃないの。

大塚　まあ、幸いなことにですね（笑）。またセリフ覚えるのは辛いなあと思いながらね。

小野寺　だってアンケートに書いてあるもの。大塚さんに出て欲しいってね。

大塚　他の人でもいいんだろうけど……。

畑中　そうはいかないのよ。ツッコミとウケじゃないけど、大塚さんじゃないと。

大塚　『踊る狸御殿』も面白かった。あの台本は前代未聞じゃないかと思うんだけど、場面転換のところで、オレが一人だけ出てきてしゃべるところに「大塚さんの自由に」って書いてあって白紙なんだよ（笑）。克彦さんがバイクなんか持ち出してきたもんだから、予算がそっちに回っちゃって、オレはみすぼらしい恰好なのよ（笑）。でも、あそこでしゃべって、客席がどーっとウケる。舞台って面白いなと思ったね。

小野寺　快感だよね。

印象に残っている芝居

斎藤　小野寺さんが演出をしていて印象に残った芝居は何ですか。

小野寺　第2回の『父帰る』は人情味があってよかったですね。飄々とした源蔵さんの盛岡弁、父が帰って来るのが八幡様のお祭りの日だとか、観ている人にも盛岡を感じさせるものになっていて、印象深いですね。

畑中　小野寺さんのお仕事はすごく緻密で、どこから出て、どこで振り返って、どこに入っていくか、動きの計算がきちんとできていましたね。

小野寺　稽古期間が短い方も多いから、わかりやすくしないとね。それに皆さん、本業では一流の方ばかりですから、稽古であまりあれこれ言うのもはばかられましてね。帰りがけに紙に書いて渡したりしました。

畑中　あの頃出ていたアナウンサーは勉強になったと思いますよ。言葉遣い一つからですからね。

小野寺　最初は各局の看板アナウンサーが出ていたんですけど、だんだんに新人さんが送り込まれるようになってね。

畑中　新人アナウンサーの研修みたいになってきましたね（笑）。だからこそ小野寺さんの細やかな指導がないと、形にならないんですよ。

斎藤　畑中さんが一番印象に残っているのは？

畑中　舞台で一番笑い転げたのは『ヴェニスの商人』ですね。全部大塚さんのせいなんだけど（笑）。芝居としてはやっぱり『芝浜』。『きんらんどんすの帯しめながら』もよかったですね。

大塚　オレの中では『きんらんどんす』が一番。未だにビデオで観て笑えるんだよね。高橋佳代子さんとオレのお茶を飲むシーンね。オレと佳代子さんで、お茶をこぼしたり、こぼしたお茶をもう一回急須に入れたり、また飲んだりとかね。

畑中　ほんと大ウケでした。

大塚　見事なアドリブとして語り継がれていますけどね（笑）。ところが、さっき言ったように稽古でやってるわけ。でも、お客さんにはアドリブだと思われた。あれはオレの一世一代の名演技だったね。佳代子さんも見事だったし。

畑中　素晴らしかったですよ。それに、言ってみれば美女と野獣じゃない（笑）。私にとってあの芝居が思い出深いのは、「ＣＡＴＳきゃあ」の卒団生二人がやっとアナウンサーになって一緒に出演していたということもあるの。だから忘れられないし、中身もすごく良かった。

小野寺　パンフレットにも親猫と子猫の共演です、って書いてあるね。

明日から巡業に……（笑）

斎藤　20回もやっていると、変わってきたこともあると思いますが、いかがですか。

畑中　お客さんの反応がまったく違いますよ。何しろ、笑っていいんだということが、わかってきたから。舞台にいるものとして、こんな嬉しいことはないです。不思議なのは、3回の公演で笑いの場所が違うこと。

小野寺　昼に笑ってくれたからと思って夜に同じことをやっても、笑ってもらえないよねえ。

斎藤　あれはなぜでしょう?

小野寺　現代劇の芝居は、3回公演の1回目は良くて、2回目はだめで、3回目また緊張してちょっといいという感じですけどね。

斎藤　時代劇は、たいてい2回目が一番いいですよ。3回目は何か大きな間違いが起こる。IBCのテレビ収録があるのに(笑)。

小野寺　台本1ページ分飛ばしたりね(笑)。

斎藤　それまで一度もセリフを間違えなかった人が3回目に間違ったりするんです。魔の3回目です。

畑中　商業演劇は1カ月も演るじゃない。どうなっているんでしょう。

大塚　やっぱりプロでもそうらしいですよ。最初と楽日は違うし、お客さんによっても違うし、だから反省する役者もいれば、客のせいにする役者もいるって。

斎藤　今日は客がよくないねえ！って（笑）。それにしてもプロの役者さんは昼夜の公演を含めて1カ月間とか、すごいですね。私たちは2日間3回公演でへとへとになって、その後1週間は使い物にならなくなりますからね。

大塚　そう？僕たち現代劇は、翌日から巡業に出たいねって楽屋で話してるよ（笑）。楽屋も人数少ないから、家庭的で居心地がいいんだよ。舞台の家族そのままの家族劇みたいになっちゃってるのよ。終り頃になると寂しくなっちゃってね、このままアナウンサー辞めても巡業で食えるんじゃないかって（笑）。

斎藤　役者は一日やったらやめられない、っていうやつですね。

大塚　それと、盛岡劇場に来れない人にも見せてあげたいな、なんていう思い上がったことを考えるんだよ。

斎藤　なるほど。地方巡業っていうのもありかもしれませんねえ。

現代劇がある限り

斎藤　さて、今後についてはいかがですか。

畑中　何しろ歳ですからね。高橋克彦さんも「僕はもう主役を退いて、後ろの方に回ります」っておっしゃってましたが、私は克彦さんより年上なんですから。

大塚　私だって、出られるのはＩＢＣの社員のうちですからね。

畑中　何言ってんですか。フリーでお願いしますよ。

大塚　小野寺さんと畑中さん、芝居を知ってる盛岡弁の達人がいないとダメなんだよね、この現代劇は。

畑中　盛岡弁芝居をしている限りは、小野寺さんは抜けられないのよ。

小野寺　いい前座みたいになってきたものね。

畑中　私たちは前座でいいんです。前座で笑っていただいて、看板は克彦劇団ということで、十分満足。

大塚　最初からあの時代劇をやられると重っ苦しくなっちゃうからね。

畑中　最初は軽妙にね。

大塚　あの花道のやり取りを含めてね。現代劇から口上、そして時代劇っていう流れは不動でしょうね。20年続いているってのは、これは偶然じゃない、必然ですから。畑中さんが出なくなったら、チケット売れなくなると思うよ。

斎藤　まあ、みなさんには死ぬまでやってもらうしかないですね（笑）。

畑中　え〜！　舞台の上で死にたい、なんていう贅沢は言いません。

斎藤　そのお言葉、いただきましたところでこの座談会を締めましょう。みなさん、ますますお元気でがんばってください（笑）。

■初出：「街もりおか」２０１４年12月号

時代劇の舞台裏

出席者　高橋克彦（作家）
井沢元彦（作家）
北上秋彦（作家）
柏葉幸子（児童文学作家）
司　会　斎藤　純（作家、「街もりおか」編集長）

これまでで好きな役は

斎藤　井沢さんは今までの芝居の中で、好きな役や印象に残っているのは何ですか。

井沢　永倉新八を演じた『新撰組』でしょうか。浅田次郎さんも出演してのオールスターキャストだったし、高橋克彦さん演じる土方歳三や北方謙三さん演じる近藤勇との殺陣もあったし。

高橋　今まで大失敗はないの？

井沢　大きいのはね。セリフの頭が飛んだり相手のセリフにかぶったことはあるけど。

斎藤　では、井沢さんがやってみたい役は？

高橋　井沢君は、悪役をやりたい人なんだよね。二戸の市民劇で演じた豊臣秀吉、良かったもの。

井沢　高橋さんを槍で突く役とかがいいな（笑）。

高橋　明智光秀だな。でも、どっちかというと、信長をやりたいんじゃないの？

井沢　ええ、そうですね。そしたら減量しますよ。

高橋　なんか信長、似合いそうだね。

斎藤　北上さんは？

北上　『旗本退屈男』のおじいちゃんかな。

斎藤　ええ！　地味じゃないですか。

北上　演っていて面白かった。

斎藤　巷間評判の高い『常磐津林中』は？

北上　あの頃はまだ夢中で、余裕がなかったね。あのビデオは持っているんだけど、怖くて見られないんですよ。

高橋　意外だねえ。

北上　なんか照れくさくてね。自然体じゃないというか……。

斎藤　高橋さんはいかがですか？

高橋　気持ちよくやったという意味では『新撰組』かな。内館さんと2人で、壬生の屯所の前の、のどかな梅の木がある場面で、観客との一体感を感じたこととか、最後の利根川真也（NHK盛岡アナウンサー＝当時）君と2人のシーンで、雪に包まれながら死んでいく快感とかね。

斎藤　藤田弓子さんと共演なさった『丹下左膳』は？

高橋　ああ！　あれも面白かった。『新撰組』と同じような心地よさが残ってるね。失敗はなんと言っても第1回の……（笑）。

柏葉　何があったんです？

高橋　花道で、弁天小僧が傘をさしながら、こう足を出して見得をきるでしょ。バンと足を出したら、下駄が客席に飛んで行ったのよ。

柏葉　ええ！　それでどうしました？

高橋　客席から拾ってもらった下駄を履いて歩いたんだけど、もう頭の中がパニックになっていて、つらねの所で完全にセリフが止まっちゃった。で、お客さんに「僕のセリフ何でしたっけ？」なんて聞いてね（笑）。

斎藤　それが、ＩＢＣのテレビ収録の回だったんですよ。そういうときに限って（笑）。

高橋　まあ、あれは1回目だっていう緊張もあったかもしれないけどね。下駄が飛んできたお客さんも驚いただろうねえ（笑）。20年前の事なのに、昨日のことのように覚えてるよ。『丹下左膳』の時の立ち回りでも、オレの持っていた刀が半分に折れてね、それでも殺陣を続けたんだけど、明らかに空を切っているのに、相手がどんどん倒れていくわけ（笑）。成功よりも失敗が記憶に残るね。

北上　純さんは全部出ているの？

斎藤　2回休んでいますから、今回で18回です。『常磐津林中』と『世話情晦日改心』

は出ていないんです。

高橋　斎藤純が出ていないから名舞台になったと言われた（笑）。

脚本の妙

高橋『世話情晦日改心』もセリフが多くて頑張ったけれど、いっぱいいっぱいだった。達成感はあったけど、余裕がなかったんだな。あのときの北上君は良かったね。

斎藤（座談会を脇で眺めている）道又君、脚本家としては、どれが良かったの？

道又　去年の『赤ひげ』ですね。相当うまく書けたなと思っています。あれは厳密なシナリオ理論に基づいて書きましたから。それを解ってくれたのは、同業の内館さんだけでしたけどね（笑）。

斎藤　いや、道又脚本っていうのは、実は良く書けていて、僕たちが演じているからアレですけど、プロが演じたらかなりいいものになるんじゃないかと思いますよ。

井沢　普段、道又君は「牛丼脚本家」と呼ばれていて……。

斎藤　うまい！　早い！　安い！（一同爆笑）。

井沢　だけど、例えば明治座なんかで歌手が座長公演とかやるでしょう。あれに比べても遜色はないよね。文士劇が20回公演を迎えられたのは、道又君の功績も大きいと思いますよ。予算とか、舞台転換の数とか、出られる役者とか、そういう制約に対して、実にフレキシブルに対応しているのがすごいと思う。職人技ですね。普通、脚本家は書いた通りに演じろって言うわけ。でも道又君は、ご用聞きみたいにやって来て、「へい、これはこうしましょうか？」って。これ、褒めてんだよ（笑）。

高橋　芝居の完成度としては『源義経』になるんじゃないかな。芝居の面白さ、ダイナミズムを併せ持っていたという感じかな。

斎藤　『宮本武蔵と沢庵和尚』ではなくて？

高橋　あれはねえ、オレは今でも反省しているんだよ。武蔵は年齢的にオレにはできない。だから、無理矢理、武蔵と並ぶ役を作れって言って、沢庵和尚との話に拡大したから、一つのゴールに向かっていく芝居にならなかったっていう印象がある。『源義経』は頼朝側と平泉の思惑、殺陣がふんだんに入っていたし、舞台装置も豪華だったから、初めて盛岡文士劇を観た人も楽しめるものになったと思う。

井沢　『武蔵』は、斎藤君演じる佐々木小次郎がなかなか良かったわけですよ。でも、沢庵和尚の話が入ったから、武蔵と小次郎が対決しないで終わったでしょ。あれは大衆演劇としては、ものすごく消化不良なんだよね。『源義経』は最後の逃避行までやったでしょ。だから満足してもらえる。

高橋　オレが目立ちたがって、みんなに迷惑をかけちゃったってことですね。

井沢　それは反省としてあるんですね？

高橋　あるある（笑）。

井沢　今回の文士劇でもフィナーレの衣装の件で目立ちたがっているとか……（笑）。

高橋　だって、みんないい衣装着ているんだもん。君なんて勲章をいっぱい付けたカッコいい衣装なんでしょ。オレだけボロ着てフィナーレって……。

井沢　だって、いい役なんだから、我慢してね。

北上　オレだって、ひょっとしたらステテコです。

高橋　はいはい、そうですか。

斎藤　この席で説得していただいてありがとうございます（笑）。
高橋　舞台の『炎立つ』で平幹二朗が演じたアラハバキの衣装は４００万円かかったらしいよ。オレのはたぶん７２００円くらいだよ（笑）。斎藤君は何が一番良かったの？
斎藤　シリアスな役は嫌いなんですよ。セリフがなくて、チャラチャラ演れるのがいい。
高橋　平手造酒かい。
斎藤　そう、刀を抜かなくても強い強いと言われるから、チャンバラしなくてもいいし（笑）。
高橋　斎藤五郎さんの演出の頃は、歌舞伎を踏襲していたから、平手造酒も動きが少なかったけど、今だったら相当華麗な殺陣を要求されるよ。
斎藤　殺陣は大変です。セリフはちょっとぐらい間違えても、ストーリーさえ流れてくればまず大丈夫なんだけども、立ち回りは右左をちょっと間違えただけで怪我をする。
高橋　結局、良かったのは？
斎藤　『狸御殿』のシリーズですね。２回とも楽しかった。演奏もあったし。駄目な道場主の役だった『丹下左膳』も良かったな。

高橋　あれは良かったね。一皮むけた感じだった（笑）。
斎藤　馬鹿殿とか駄目な役が合っているんですよ。
高橋　そうね、あれ以来そういう役が行くようになったもんね。嫌いなのは？
斎藤　去年の赤ひげに反抗する医師役は嫌だったな。
高橋　井沢君は何回出ているの？
井沢　6回かな。
斎藤　あんまり出ないようにしているという噂が。
井沢　毎年出るとありがたがられなくなるかなと。それに東京で通用しなくなったからこっちに来てると思われるとか（笑）。

演技に開眼

斎藤　柏葉さんは今年2回目ですね。作家歴は一番長いんだけれども。
柏葉　去年デビューさせていただきました。

高橋　出る前は文士劇をどう見てたの。
柏葉　それが全然、見たこともなければ、関心もなくて。自分で芝居をするなんて考えたこともなかったし。東京の友人からは「出ないの？」って言われたりしたんですけど、「アタシは関係ないから」って。
斎藤　物書きだから、関係なくはないでしょう（笑）。
柏葉　児童文学は関係ないんだろうって（笑）。
井沢　それなのになぜ、去年から出るようになったの。
柏葉　出ませんかって連絡があって。
井沢　でもそこで、絶対出ません、っていう選択もあったでしょう。
柏葉　私ね、震災以来、何かしなければという気持ちがあったんですね。先輩たちが一生懸命頑張っているのだから、被災地と言われるところに住んでいる私が、あれも嫌です、これも嫌ですっていうようなわがままは言っていられないと思いまして……。
斎藤　なるほど。で、出てみていかがでした？
柏葉　それはまあ大変でした（笑）。

高橋　でも、稽古の時は楽しそうだよね。
柏葉　すごく面白いですよ。でも、やっぱり大変ですよね。
斎藤　その大変さがまたいいということでしょう。柏葉さんはこれからこういう役をやりたいっていうのはありませんか。
柏葉　いいえ！　ございません！（笑）。
斎藤　お姫様をやりたいとか？
柏葉　まったくございませんっ！（笑）。
斎藤　内館牧子さんは、薄幸の花魁をやりたいって言ったのに、初出演のときは狸の役だったんです（笑）。ちなみに去年初めて出演なさって、終わった後はいかがでしたか。
柏葉　ぐったりしてました。翌々日に用事があって東京に行ったんですが、会った人に「あんたやつれたわね」って言われました（笑）。
高橋　物書きっていうのはいつも一人でやっている仕事なので、何人かで共同作業をするっていうのは、新鮮なんだよね。そして、書くっていう作業は全部自分でコントロールできるけれど、芝居はコントロールされるでしょう。マゾ的な快感が芝居にはあるんだよね。演じているのは自分なのに、演出家に動きを決められたりするという、そういうのが数年は面白いんだよ。柏葉さんもあと3年くらいは面白いと思うよ（笑）。

井沢　だけど、浅田次郎さんみたいに、ライトが当たった瞬間に頭が真っ白になってしまって、それがトラウマになって、もう出られないっていう人もいますからね。

柏葉　うわ、それ言わないでください。

高橋　オレなんて、20年やってきて、芝居的には全然成長していないんだけど、北上秋彦君みたいに、出演するたびに変わっていく人もいるんだよ。すごいと思うね。

斎藤　そう、一番変わったのは北上さんですね。北上さんはいつから出演されているんでしたっけ。

北上　第3回からずっとですね。

斎藤　最初に声をかけられたときはどうでしたか。

北上　嫌でしたね。第7回の『幡随長兵衛』まで嫌だった。そこからはこれはしょうがない、嫌でも出なきゃと思ったの。もともと演劇はそんなに好きではなくて……。

高橋　いやいやいや！

柏葉　楽しそうに演ってますよねえ。絶対、演劇がお好きなんだと思っていました。

高橋　演劇への情熱が感じられるものね。

北上　そ、そうですか。実際、自分で金を出して芝居を観たことはないし、観ようとも思わない。でも、出る以上は楽しんでやろうと気持ちを切り替えたのが第7回ですね。

斎藤　そうしたら、芝居が変わったというわけですね。

高橋　第9回の『常磐津林中』のときには名演技と言われたわけだから。今でも忘れられないよ。オレと2人きりで会話するシーンでね。目を見ながらボロボロ泣くんだよ。それが3回とも同じタイミングなんだ。あれは驚いた。

北上　コツがあるんです。泣こうと思うと30秒で泣ける。気持ちを高めればいいんだ。

斎藤　プロですねえ。

北上　でも、以前演出の方に言われたんですけど、泣く必要はないって。泣いても涙はお客さんからは見えないからね。自分が泣くよりも演技でお客さんを泣かせろって。もっともだなと思ったね。

斎藤　北上さんは悪役がいいですよね。

北上　悪役大好きなんです（笑）。

斎藤　普段の自分と違うからですか。

北上　ええ、悪役は何をやってもいいでしょ。自分で作れるという感じ。主役は自分で作れないんじゃないかな。今回のモンテ・クリスト伯だって、もう型が決まっているでしょう。

高橋　それってかなり芝居好きな人の言葉だよね。

これからの盛岡文士劇は

斎藤　今回でいよいよ20回目。高橋さんから、20回目を迎えた気持ちをお願いします。

高橋　よく続いた、と。鈴木彦次郎さんが始めた文士劇が13回までだったので、それを超えるのが当初の高い望みでしたから、もう信じられないくらい。オレは今、67歳だから、47歳から20年間やったということだけですごいことだと思いますよ。

斎藤　第1回のときには、また次の年もやることは想定していなかったと記憶していますが。

高橋　スタッフは当然1回きりだと思っていたんだけど、役者は聞いていなかったから、最後の挨拶のときに、オレは「来年もやりましょう！」って言っちゃったんだよ（笑）。

井沢　ひょうたんから駒だった？

高橋　そうね。言ったら「わあ！」って拍手と歓声が上がったもんだから、翌年もやらなければ、ということになったんですよ。

斎藤　今後はどのように考えていますか。

高橋　オレとしては20年続けたら悔いはないなあ。これを区切りにしようと、3年くらい前から考えてはいたんだけれど。とはいえ、完全に無縁になるのは難しいだろうから、取りあえず役者というのではなく、脇で支えるというか。新たなスタートとすれば、30回、40回と続く可能性があるんじゃないかと。20回も続けると気持ちに弛みがでてくるよね。始めた時や10周年を迎えた時の気持ちは取り戻せないんじゃないかと思う。

斎藤　克彦さんは毎年、文士劇が終わったら、次の年もやるぞ！　と気合を入れているから、まだまだと思っていましたが。

高橋　正直、年齢も大きいよ。オレが中心にいるとどんどん年寄り芝居になっていくでしょう。そのうち『花咲か爺さん』やるか、みたいな話になってくるよ。もはやオレでは『源氏物語』はできないじゃない（笑）。文士劇のいろいろな可能性を考えると、あるところからやっぱり若い人に譲っていかないと、芝居の幅がどんどん狭まってしまう。

井沢　高橋さんが偉いと思うのは、最初は出たがりで主役の座長芝居をやっていたけれど、あるところから脇に回って、若いアナウンサーを呼んで来てやらせたりしているでしょう。プロの劇団でも、御大が引退しないので若い人が伸びず、劇団自体を潰しているところもありますから。そういうことを避けようとしている高橋さんはすごいと思います。外からの目で見ると、20年やったことはすごいことで、このまま終わらせるのはもったいない。子供を二十歳まで育てたんだから、大きくなるのはこれからじゃないかという気がします。珍案愚案ですけど、例えば毎年人気作家を一人拉致して来るとかね（笑）。

高橋　基本的に物書きは芝居好きな人が多いから。

井沢　もう一つ、僕が素晴らしいと思うのは、岩手では奥州市や二戸市でも文士劇、市民劇が起こって、後が続いているでしょう。僕が観光文化大使をやっている富山県の高岡市にも輸入したいと思っているんです。これから市民参加型の市民文士劇というのが、盛岡の文士劇を礎にして、全国に広がって行く可能性もあると思う。

高橋 20年続けたから逆に難しいかもしれないけれど、「盛岡」という冠を取り払った芝居にしたいという気持ちはありますね。今は地元優先でやっていますから、中央の文士はゲストでしか来られない。ゲストというより、彼らも主人公になっていくような芝居を目指してもいいかもしれないんじゃないかなと。

斎藤 主催や予算の関係もあるから、難しいでしょう。

井沢 かつて文藝春秋がやっていたような。文士総動員の文士劇っていうのは、確かに今東京でやれる条件っていうのはまるでないんだけれど。盛岡でオリンピックをやろうっていう、そういう発想だよね。

高橋 もちろん簡単なことではないけれど、20年やってきたという実績を大きな支えにして、もっと高い所を目指して行くということがあってもいいんじゃないかな。

井沢 盛岡というところは、床山さん、衣装、着付け、メイクを近隣で揃えられるしね。

市内の劇団との関係もいい。例えば『宮本武蔵』の最中に、内館さんが倒れた時にも、盛岡の劇団から代役をすぐ立てられたし。そういうのがなければ、そこで中止になっていたかもしれないよね。

北上　思い切って、奥州市や二戸市みたいに市民文士劇にしたらどうでしょう。2時間、3時間くらいの大作で。

斎藤　そういう選択もあるんですよね。そうすれば役者もたくさん出せるし。

高橋　稽古は大変だけど。1時間ちょっとだと、どうしても小品っぽくなってしまうよな。2時間あれば、いろいろな人をちりばめて豪華な芝居ができそうだよね。これは今後の課題の一つでもあるね。

斎藤　例えば市制施行何周年みたいな記念の年に、これを拡大して盛岡市民文士劇としてやれるかもしれませんね。

井沢　あるいは中央文壇から文人をいっぱい呼んでやるか、二つ道があるよね。両立も可能かもしれない。中央から呼びつつ、市民に一般公募して、兵士や子役をやってもらうとか。共演は可能だよ。

斎藤　市民にもいい思い出になりますね。

北上　今年二戸で市民劇を演ってみて思ったけれど、盛岡文士劇はある意味マンネリになっているかもしれない。二戸の人たちは、芝居を作っているさまざまな場面で泣くんだよね。自分が一生懸命やったことに感動しているんです。僕らは泣かないもんね。

柏葉　私、去年初めてでしたが、泣けませんでした（笑）。

北上　文士劇に出たミスさんさが、舞台が終わってから泣いたことがありましたね。「私、明日からどうやって生きていったらいいんでしょう」って。

高橋　それと、これは観客は知らないかもしれないけれど、我々はやっぱり相当稽古をしているよ。泣くというのは、不安が底辺にあるわけよ。やれるんだろうか、と不安だったけれどうまくいったというところで感動するんだ。盛岡文士劇の場合、みんな忙しい中を集まって、長く続けてきているからね。これで我々が稽古を3回とか4回だけで本番やっていたら、それはきっと泣くよ（笑）。

柏葉　私、もっと緩いものだと思っていたんですよ。

斎藤　浅田次郎さんも、そう思って来てみたら、みんな真面目に稽古をしているからびっくりしたって言っていましたね。

柏葉　本当に驚きました。私程度の素人で出られるもんだと思っていたから。

高橋　林真理子君も仰天してたもの。稽古の厳しさにね。今回、久美沙織君も一生懸命、稽古に通っているしね。柏葉さんも熱心に出ていたじゃない。

柏葉　こんなに早く稽古が始まるなんて思ってもみなかったです（笑）。

斎藤　実はそれが20年続いた秘訣だと思います。

高橋　北上君に至っては、軽米から往復4時間かけて稽古に出ているわけだからね。

北上　やっぱり好きなのかな（笑）。

■初出：「街もりおか」２０１５年1月号

第三章　現代劇の魅力

現代劇　笑って　ほっこり20年

藤原　正教（脚本・演出）

現代劇の稽古場は、とにかくにぎやかだ。

芝居の稽古場というものは、キャスト、スタッフがキーンと神経を集中している場をいうものだと、聞いたことがある。そうだと思う。ところが現代劇の稽古場は、にぎやかで、うるさいのだ。

ある女性出演者が「とっても楽しいです。どうして現代劇の稽古場は、いい雰囲気なんですか」と質問してきた。「にぎやか」と「いい雰囲気」は、別モノなのだろうけど、その出演者は稽古場を「いい雰囲気」と感じて質問して来たのだろう。

その質問に即、答えた「みんな素敵な大人だからですよ」。

そうは答えたが、実は違う。まあ、「大人という名の子どもの集団」だ。とにかく、どこかで、ワイワイ、クチャクチャと、お茶を飲みながらおしゃべりをしている。「そろそろ稽古やりますか」といえば、「はーい」とお行儀のいい返事が返って来るが、やっぱりおしゃべりをしている。本業がおしゃべりの仕事だから仕様がないのだろうけど。出演者の大半は各放送局のアナウンサーだ。なぜ、アナウンサーかといえば、標準語の達人に盛岡の方言で芝居をつくったら、面白いだろうし、出演者も観客も盛岡弁の持つ温かさの再発見につながるだろうということからだった。

■盛岡弁の「結婚の申込」

盛岡文士劇を立ち上げる際、どういうコンセプトでいこうかと盛岡劇場のスタッフ、演劇人が、ああだ、こうだと話し合った。

「現代劇」「口上」「時代劇」の三部構成。上演作品は「古今東西の名作を題材にした作品」とした。そして、盛岡ならではの文士劇として、現代劇は盛岡弁を使った芝居をつくることとした。ここが盛岡の演劇人のこだわりでもあった。

出演者は、言葉を生業とする放送局のアナウンサーやマスコミ関係者でいくこととした。

現代劇の栄えある第一回作品は、チェーホフ原作の「結婚の申込」に決まった。この作品は秋田県出身の伊賀山昌三が、全編秋田弁にして翻案されている作品で知られている。

現代劇では、舞台を盛岡に移し、盛岡の祭事「ちゃぐちゃぐ馬こ」を題材にして原作とは、また別の作品に仕上げた。だから、当然、セリフは盛岡弁だ。

公演終了後しばらくして、とある県の演劇関係者と「結婚の申込」について話をすることがあった。

「大変でした」と関係者はいう。続けて「秋田まで、方言を習いに行ったんです。秋田弁って難しいですからね。その努力が実って公演は成功でした」

最初、言っている意味が分からなかった。「どうして秋田弁で」と聞くと「台本が秋田弁でしたから」と関係者は笑って答えた。この県と秋田県はかなり離れている。

どうして、この県の、地元の方言でやらなかったんだろう。先の「盛岡版・結婚の申込」の話をしたが、話は先に進まなかった。この県のある町は、演劇が盛んなそうだ。

もりげき戯曲賞の審査員でもあった劇作家の別役実さんは、兵庫県の劇団で地元の方言を取り入れた時のことをこう言っている。

「最初は私も『オッカナビックリ』だったのであるが、稽古に入って役者さんたちが科白をこなしはじめるに従って、その成果に目を見張ることになった。言葉が体になじんで意味にしなやかさが加わるのであろう。そしてこの効果は、上演に際して観客との間にも、同様に作用した。いわゆる『聞き耳を立てる』というような、神経質な対応がなくなり、やわらかく体全体で言葉を受け入れている気配があったのだ…（中略）…方言をやや遅きに失したかもしれないが、見直すべきではないだろうか。特に演劇においては、そうである」（『感劇地図』第18号）。

■二人の名優が生まれた

現代劇を方言でつくるということに何の障害もなくスムースにことが運んだ。演出は小野寺瑞穂さん。ＮＨＫ盛岡放送局で昭和二十五年から十二年間放送されたラジオドラマ「伸びゆく若葉」の出演者の一人だ。このラジオドラマは、盛岡地方の方言でつくられたホームドラマだ。小野寺さんは、まさにうってつけ。芝居心十分な役者さんでもあり、何より盛岡弁の男言葉を熟知している人だ。そして、女言葉の盛岡弁は畑中美耶子さん（もりおか歴史文化館館長）。芝居の核となる方言指導はこの二人で決まりだ。

二人は、稽古が始まる前にセリフを方言で読み合わせして録音している。それをテープ（ＣＤ）にして事前に出演者に配布している。音でセリフを耳にした方が覚えやすいだろうとのことからだ。「確かにそうだ」と出演者は言う。仕事の行き帰り、カーステレオで聴いて覚えるのだという。

それと盛岡弁は鼻濁音がポイントだ。鼻濁音を上手にこなせると、初心者のアナウンサーでもそれらしく聞こえる。稽古場でも鼻濁音、アクセントは、細かく指摘される。標準語のアクセントではなく盛岡弁のアクセントだ。初めて耳にする方言は、新人アナウンサーにとって頭の痛い作業だと思う。

二十年続けて来て、「現代劇から二人の〝名優〟を生み出した」と、畑中さんは言う。一人は松本源蔵さん（写真家）、もう一人が大塚富夫さん（ＩＢＣ岩手放送アナウンサー）。

「結婚の申込」で衝撃のデビューを果たしたのが松本さん。嫁入り前の娘を持つ父親役で、盛岡弁が自然でとつとつと語り、聞いていて心地良かった。当時、盛岡劇場の演劇アカデミーの校長だった故・山元清多さん（脚本・演出家、黒テント芸術監督）は、芝居のビデオを見て「東京のプロの役者は適わない」と絶賛していた。翌年の「盛岡版・父帰る」の父親役も飄々とした演技で、芝居をしているのか、いないのかと思わせるほどの名役者ぶりをみせた。

そして、大塚さん。落語が好きで「私は、現代劇のギャグ担当です」と、稽古場でアピールしている。だから稽古場は、いつも笑いが絶えない。

畑中さんと大塚さん。夫婦役の稽古。丁々発止のやりとりのなか、大塚さんが一言いったセリフ（アドリブ）が、ドカンと畑中さんのブローに決まった。肩を小刻みに震わせ、涙目でクックックッと笑い転げ、なかなか止まらない。

しばらくして

「大丈夫ですか。稽古続けましょうか」そういうと

「はい。大丈夫です」

大塚さんと畑中美耶子さん。稽古場はにぎやか。

スタッフが差し出したティッシュペーパーを手にすると、また思い出してクックッ。なかなか止まらない。笑いのツボにはまって抜け出せない。つられて周りもまた爆笑。

まあ、にぎやかな稽古場だ。

大塚さんは、アドリブを稽古場でつくっていく。本番の舞台で見せるアドリブは、実に巧妙だ。まさに「芸」だ。「アドリブ芸」といえるかもしれない。稽古場での大塚さんは、何かを仕掛けてくる。ウケなければ、次の手を考えて来る。演出とキャスト、スタッフの同意（笑い）を得て本番に臨む。アドリブ芸は、自身が楽しみながら真剣なのだ。稽古場で見知っているにもかかわらず本番でも観客と一緒に笑ってしまう。

畑中さんも、ただ笑い転げさせられてばかりではない。ちゃんと〝仕返し〟を考えていて大塚さんに仕掛ける。大塚さんの戸惑っている姿を見ると、さり気なく「やった」という表情をみせる。稽古期間の二人は、仕事よりも一日中芝居のことを考えているのではないだろうか。おかしな二人だ。

その二人が面食らったことがあった。

ある演目の時、出演者の一人が本番で「えっ！」というアドリブを放った。驚いた二人だが、そこは二人。うまく場をつくろい本番は無事？終了。大塚さんは、楽屋で出演者にたしなめた。「アドリブは稽古場でやらなければダメだよ」と。

■地震速報で稽古中止に

現代劇の出演者は、アナウンサー、マスコミ関係者が、主な出演者なため、稽古がままならないことは、〝常識〟だ。

ある演目の時、カラオケボックスで深夜まで稽古をしたという出演者がいた。十一月の繁忙期。仕事をやり繰りしての稽古場通い。やっと顔を合わせた主演の二人だがセリフ合わせがうまくいかず稽古終了後、スタッフの一人を連れてカラオケボックスへ。歌も歌わず酒も飲まず深夜まで稽古をしたという。その努力が実って舞台は上々の仕上がりとなった。

またある演目では、稽古真っ盛りの時、出演者の携帯電話が一斉に鳴ったことがあった。「地震速報」だった。携帯電話を閉じると、それぞれ、「会社に戻ります」の一言で全員さっと飛び出して行って稽古が中止に。間もなく警報も解除され、大きな被害もなくほっとして、その後、心ある者同士で酒を飲みながらこれからの現代劇を遅くまで語り合った。

■落語や映画も題材に

現代劇では、シェイクスピア、チェーホフ、夏目漱石、尾崎紅葉、織田作之助、菊池

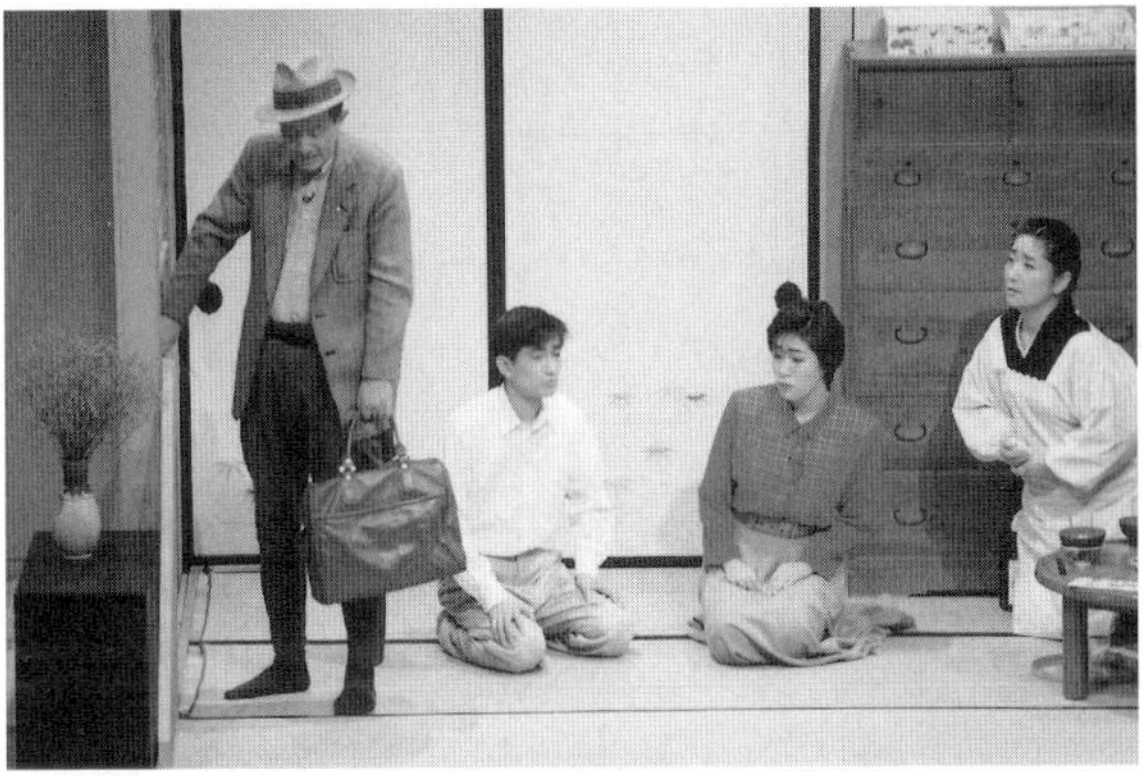
盛岡版『父帰る』左が松本源蔵さん。

寛らの名作から落語や映画も題材としてきた。

上演にあたって著作物の管理者に上演・脚色の許可を得ている。著作権が切れていたとしても礼儀として事前に公演の挨拶をしている。

菊池寛の「父帰る」（第2回公演）の場合も事前に連絡をした。

公演終了後しばらくして、国民文化祭に参加するため香川県高松市を訪れた。演劇フォーラムのパネリストとして頭がいっぱいで、ここに菊池寛記念館があることを失念していた。そのフォーラムの会場に突然、記念館の館長が訪ねてきた。盛岡から演劇団体が来るという情報が入ったので来たというのだ。恐縮していると、今回、菊池寛の「父帰る」を取り上げてくれて感謝するとの言葉があった。フォーラムより、館長の菊池寛に対する思いに感激した。

落語からも「らくだ」、「芝浜」、「火焔太鼓」、「富久」、「三年目」など取り上げた。「芝浜」を題材にした「八幡町出世横丁」（第13回公演）で畑中、大塚コンビの〝夫婦漫才〟がスタートした。二人の絶妙な間合い、掛け合いがウケた。この間合い、芝居の「間」というのが難しい。間合いの芝居が出来る二人は、〝盛岡の文化遺産〟かもしれない。

映画はミュージカル「マイ・フェア・レディ」や小津安二郎監督の「麦秋」「秋日和」「晩春」などを題材にした。

「マイ・フェア・レディ」は、「花を召しませランララン」（第14回公演）に脚色。主演の花売り娘役は高橋佳代子さん（フリーアナウンサー）。乱暴な言葉遣いの花売り娘が、きれいな盛岡弁を話せるようになり指導した言語学者と結婚へ、という物語に。

舞台ではミュージカルらしく歌を取り入れた。この作品から「歌って踊る現代劇」がスタートした。生まれ育ちが県外というアナウンサーにとって盛岡弁を覚えてセリフを言うということさえ大変なのに「歌も踊りも」っていうのだから、大変なことだと思う。

「シングル・シングル・シングル～映画『秋日和』より」（第20回公演）では、ジャズのスタンダードナンバー「シング・シング・シング」の曲に盛岡弁の歌詞を付けた。

♪　何してらの　ねまってねんで
　カバンひとつ　持って出はっておんで
　早ぐ行がねば　間にあわねがら
　幸せ行きの　切符ば持って
　お金はねくても　何とかなるがら
　周りの人だち　支えでけるがら
　心配ねぇがら　一歩踏み出すべ
　ほーら　見で見で　おっきな虹だよ

　歌うべ　楽しぐ
　笑うべ　明（あが）るぐ

劇中歌「シングル・シングル・シングル」を歌い踊る出演者。

手っこ　つないで
踊るべ　みんなで

何　泣いでらの
笑えば　いんだがら
これがら　二人
何とか　なるがら

二十代から七十代までの出演者十人が踊って?歌った。

ジャズのリズムを体に覚え込ませるというのは、年配者にとって、これは大変な作業なわけで、稽古場ではステップを間違えたり、歌のきっかけを間違えたりしていたが、本番では、

「どうだ」とばかりの歌、踊りを披露。出演者の熱い思いは、客席から笑顔と大きな拍子で返って来た。

この舞台には畑中さんが主宰していた「盛岡子供劇団CATSきゃあ」（1983―2002年）に在籍していた高橋美佳さん（テレビ岩手アナウンサー）、土村萌さん（元IBC岩手放送アナウンサー）の二人が出演した。「盛岡版『晩春』きんらんどんすの帯しめながら」（第15回公演）でも二人は共演している。「シングル・シングル・シングル」には卒業生が、もう一人、スタッフとして参加、文士劇を支えている。盛岡の演劇界の底の厚さを感じさせる。

舞台は、夫の七回忌も終わり、一人娘・紀子（高橋さん）の結婚話も決まり、ほっとひと安心の母親トメ（畑中さん）との二人だけのラストシーン。

紀子　ずっとプリプリしてごめんや。
トメ　いいの。
紀子　ねえ、母さん。三人で一緒に暮らすっか。

トメ　私は、いいがら。真一さんど二人でまず、素敵な家庭をつくるむせ。私は、一人じゃねもの。父さんが、ちゃんといるもの。紀子。幸せになるんだよ。
紀子　はい。母さん、ありがとうございます。私、幸せになります。
（『シングル・シングル・シングル』より）

母娘との静かな語らい。畑中さんの目には涙が光っていた。客席に目をやると、ハンカチを目元に置く観客の姿も見られた。
盛岡弁が客席との距離をぐんと縮め、舞台も客席もほっこりする場を共有するのが現代劇の妙味だ。

現代劇の20年

第1回公演　盛岡版『結婚の申込』

第2回公演　盛岡版『父帰る』

第3回公演　盛岡版『鶴の恩がえし』

第4回公演　盛岡版『ロミオとジュリエット』一《はじめ》と節子の場合

第5回公演　盛岡版『坊っちゃん』

第6回公演　盛岡版『ヴェニスの商人』

第7回公演　盛岡弁芝居『これむずら』

第8回公演　盛岡版『結婚の申し込み』

第9回公演　盛岡版『シンデレラ』八幡町恋々横丁物語

第10回公演　盛岡版『金色夜叉』

第11回公演　盛岡版『君の名は』～あの下の橋のたもとで～

第12回公演　盛岡版『夫婦善哉』

第13回公演　盛岡版『芝浜』八幡町出世横丁

第14回公演　盛岡版『マイ・フェア・レディ』花を召しませランラララン

第15回公演　盛岡版『晩春』きんらんどんすの帯しめながら

第16回公演　『ドンドン ドンガラ　盛岡ブギウギ』

第17回公演　『一本の団子から恋の花咲くこともある』

第18回公演　『あゝ結婚価千金』

第19回公演　『いっつもふたりで』

第20回公演　『シングル・シングル・シングル』

第四章　文士劇紙上公演

第二十回盛岡文士劇

『新・岩窟王　脱獄篇／復讐篇』

平成二六年　盛岡劇場メインホール
一二月六日(土)一三時・一七時半
七日(日)一三時・一七時半

原　作／アレクサンドル・デュマ『モンテ・クリスト伯』
脚　本／道又　力
演　出／安達和平
共同演出／高橋克彦

薬師寺玄達・・・・・・・・・・・・・・高橋克彦(作家)
愛之助、葵隼人・・・・・・・・・・・・村松文代(IBC岩手放送アナウンサー)
ハミルトン卿・・・・・・・・・・・・・ロバート・キャンベル
(日本文学者、東京大学教授)
伊藤博文・・・・・・・・・・・・・・・井沢元彦(作家)

伊藤梅子……………………………内館牧子（脚本家）
土屋伊織……………………………菊地幸見（ＩＢＣ岩手放送アナウンサー）
芳乃…………………………………金田一茉莉花（２０１４ミスさんさ踊り）
大月丹波……………………………斎藤純（作家）
大月則子……………………………澤口たまみ（絵本作家）
大月兵馬、看守①…………………浅川貴道（読売新聞記者）
村井半蔵……………………………北上秋彦（作家）
村井季子……………………………柏葉幸子（児童文学作家）
村井顕子……………………………吉田飛鳥（２０１４ミスさんさ踊り）
お松…………………………………久美沙織（作家）
菊次郎………………………………安達和平（劇団わらび座）
警視…………………………………谷藤裕明（盛岡市長）
朽木伝内、従僕……………………菅原和彦（岩手日報論説委員）
巡査①、看守②、黒づくめの男②、給仕①……松本伸（写真家）
巡査②、看守③、黒づくめの男①、給仕②……道又力（脚本家）

一幕〈脱獄篇〉

■一場　祝言の席　明治七年　春の夜

江戸から代々続く豪商、伊勢屋の広い座敷。正面奥は一段高くなっており、新郎の愛之助と新婦の芳乃が座っている。上手と下手に列席の者たち（上手は帰朝紳士の大月丹波と芳乃の幼馴染み・土屋伊織、下手は愛之助の母お松と伊勢屋の大番頭・村井半蔵）。愛之助の叔父の菊次郎、高砂を謡いつつ、舞っている。謡い終わった菊次郎に、一同は拍手喝采。

菊次郎（下手の席に戻りながら）めでたい、実にめでたい！姉さん、これでようやく肩の荷が下りましたね。

お松　亡き夫も、草葉の陰で喜んでおりましょう。

村井　忘れ形見の愛之助様が、こうして祝言を挙げるお歳となられた。手前は、もう嬉しゅうて嬉しゅうて。

お松　半蔵さん。番頭のあなたには、ずいぶん苦労をかけました。礼を言います。

村井　もったいない。手前はまだ、亡き旦那様に受けた御恩の、万分の一もお返ししてはおりませぬ。

お松　御一新で徳川様から天子様の世となり、代々続いたこの伊勢屋も一時はどうなるかと思いましたが、それまでは考えもしなかったエゲレスやらメリケンやらとの取引で、新たな商いが増えました。これもひとえに、お役人様との間を取り持って下された大月丹波様のお陰。

大月　いや、お役に立てて何よりです。愛之助君、この度は芳乃さんとの祝言、本当におめでとう。

愛之助　ありがとうございます。

土屋　芳乃と拙者は幼馴染み。兄妹同然に育った間柄だ。今後は拙者に代わって大事にしろよ。

愛之助　はい、そのつもりでおります。

芳乃　土屋様、そんなに心配なさらないで。愛之助様は、それはそれはお優しいお方なのですから。

菊次郎　聞いたか、皆の衆？　こりゃ新婚早々あてられたの。

一同、なごやかに笑う。上手から、何やら騒がしい声。

巡査②の声　愛之助はどこだ！どこにお

る！

巡査①の声　隠すとためにならぬぞ！

巡査②の声　罪人を捕らえに参ったのだ！そこをどけ！

菊次郎　はて、あの騒ぎは一体？

警視と巡査①②、土足で上がり込んでくる。

巡査①　貴様だな、愛之助は！

巡査②　御用の筋である！神妙にいたせ！

愛之助　な、何なのです、あなたたちは！

巡査②　問答無用！

芳乃　愛之助様！

村井　若旦那様に何をなさいます！

土屋　愛之助から手を放せ！

土屋と半蔵、巡査①②と、もみ合いになる。

巡査①　手向かいいたすか！

巡査②　お上に楯突くと、ためにならぬぞ！

土屋　やるか！元旗本、土屋伊織。相手になるぞ！

大月　待て、土屋君。（厳しい声で）見ての通り、今宵はめでたい祝言の席。事と次第によっては、ただでは済まさぬ。まず訳を話したまえ。

警視　伊勢屋主人・愛之助に逮捕状が出ておる。大人しく引き渡してもらおう。

大月　容疑は何だ？

警視　新政府転覆を企む秘密結社に、資金を提供しているとの訴えがあった。

土屋　新政府転覆だと？バカバカしい！

村井　若旦那様に限って、そんな大それた真似は。

菊次郎　そうそう、そのとーり。

お松　これは何かの間違い。そうでしょう、愛之助？

愛之助　勿論です。まったく身に覚えがありません。

警視　ならば本庁で申し開きするがよい。潔白さえ証明されたら直ちに放免いたす。

愛之助　分かりました。皆さん、心配はご無用。私にはやましい点など、何一つないのですから。

芳乃　愛之助様。わたくしは心配でたまりませぬ。もしも、このままお戻りにならなければ、一体わたくしはどうしたら……。

愛之助　容疑は、すぐ晴れる。今夜一晩の辛抱だ。母上と一緒に、ここで待っ

ていてくれ。

お松　そうですよ。今日からそなたは、この家の人間なのですからね。

警視　これより本庁へ戻る。引っ立ていっ。

連行される愛之助。舞台暗転……

紗幕が下りる。

■二場　地獄島（紗幕前）　半月後の夜

舞台は薄暗く、遠くで波の音。汽笛が聞こえてくる。下手から、島役人の朽木伝内と看守①。

朽木　本土からの船が着いたようだ。波止場へ行って、囚人を連れて参れ。

看守①　かしこまりました。

看守①、上手へ走る。

朽木　今夜到着の囚人については、本庁より特別の指示があった。（書類を出して）伊勢屋主人、愛之助。この者、明治新政府転覆を企む秘密結社へ、莫大な資金を提供した危険人物につき、厳重なる監視のもと、極秘に監禁すべし……。わざわざ、かような指示をつけて寄越すとは、これはよほど凶悪な男に違いあるまい。とすれば、他の囚人から隔離して、独房に閉じ込めておくのが無難じゃな。ウム、そういたそう。

看守①に背をこずかれながら、ザンバラ髪の愛之助、上手から出てくる。手鎖をかけられ、粗末な獄衣を着ている。

看守①　とっとと歩け。ここはもう娑婆ではないのだ。

朽木　貴様が愛之助か。商人の分際で、新政府転覆の陰謀に荷担するとは、不届きな奴。

愛之助　違います！これは誤解なんです。私はこんな島へ送られる覚えなどありません。

朽木　あー、分かっておる分かっておる。ここへ流された者は決まって、自分は無実だ、と言い張りおるでな。さようなたわ言、いちいち真に受けておったら、この島から罪人が一人も居なくなってしまうわ。

愛之助（朽木にすがりつき）お願いします！取り調べをやり直すよう、上の人に伝えて下さい。

朽木　これ、放せ。放さぬか！

看守　ええい、お役人様から離れやがれ！

看守①、朽木から愛之助を乱暴にひきはがす。

朽木　また騒がれては面倒。早う連れて行け。

看守①　おい、立て。グズグズするな。

看守①、愛之助を引っ立て、上手へ。

朽木　今の男、嘘偽りを申しておるようには見えなんだが……。ことによると、まこと無実の罪を着せられた者やも知れぬな。だが、例えそうだとしても、もはや手遅れじゃ。ここは一度入ったら、二度とは出られぬ地獄島。送られてくるのは、娑婆にいては都合の悪い者らばかり。あやつが誰かの恨みを買って、罪人に仕立て上げられたとすれば、このさき赦免される見込みは、まずあるまい。まったく、むごい話よ。

朽木、その場に立ったままで……

舞台暗転。

■三場　牢獄　前場から三年後　冬の夜

紗幕が上がると、岩山を掘り抜いて作った牢獄。上手手前に頑丈そうな扉、上に覗き窓、下に食事の差し入れ口。壁の無数の印は、愛之助が刻んだもので、監禁された日数を示す。粗末な寝台に横たわっている愛之助。上手から看守②、食事を運んでくる。

看守②　（扉の下から差し入れ）おい、三百五号。晩メシだぞ。

愛之助、飯を盛った碗に飛びつき、餓鬼のように貪り食う。ハッと我に返り、碗を投げ捨てる。

愛之助　我ながら、何という浅ましい姿だ。こんな惨めな有り様を芳乃が見たら、どれほど悲しむことか。ああ、芳乃に会いたい。今頃、芳乃は、どんな思いで暮らしているのであろう。島に来てから、日付代わりに刻んだ印も、千を超えた。このまま何の希望もなく朽ち果てるくらいなら、いっそ死んだ方が……そうだ、そうしよう！

敷布を引き裂いて紐をこしらえ、覗き窓の格子にそれを通す。

愛之助 許せ、芳乃。私はもう限界だ。

突然、地面から何かが突き上げてくる音。

愛之助 こ、この音は、な、何なのだ！

音のする場所を見守る愛之助。その音、次第に大きくなる。地面にポッカリと穴が空き、ボロボロの獄衣を着た老人が顔を出す。

愛之助 だ、誰だ、あなたは！

玄達 （辺りを見回し）あいやーッ！別の牢に出てしもうたか。これは、とんだ計算違い。

愛之助 一体、何のことです？

玄達 先に手を貸してくれ。これでは話もできぬ。

愛之助、玄達を引っ張り上げる。

玄達 ワシは、薬師寺玄達。そなたの名は？

愛之助 伊勢屋、愛之助と申します。玄達殿も、つまりその、この島の囚われ人なのですか？
玄達　そうじゃ、かれこれ十年になる。
愛之助　十年もここに！私は三年ほどになりますが、脱獄など無理と諦めてました。
玄達　その苦労も無駄となった。海岸へ掘り進んだつもりが方向を間違え、そなたの牢へ出てしまうとは。
愛之助　海へ出たら、そのあとはどうするのです？
玄達　飛び込んで泳ぐのじゃ、一番近くの岸へな。
愛之助　そこまで泳いで行けましょうか？
玄達　半日泳ぎ抜く体力さえあれば何とかなろう。ま、運任せには違いないが……うッ、いかん、また胸が（卜顔を歪め、胸を押さえる）
愛之助　どうされました！
玄達　じ、持病じゃ。心の臓の発作が、起きたのじゃ。守り袋の中に、丸薬が入っておる。それを一粒、口にふくませてくれ。

首に下げた守り袋から丸薬を取り出し、口に入れてやる愛之助。

玄達　……もう大丈夫。厄介な病気じゃ

が、薬さえあれば発作は治まる。もっとも、肝心の薬が残り少なくなってきた。薬が切れたら、その時こそ、ワシの最期。それより、そなたの身の上を聞きたい。いかなる罪を犯し、ここへ参った？

愛之助　罪など犯しておりませぬ。警察では、帳簿に怪しい金の出入りがあると言われました。新政府転覆を企む一味を援助していると、密告されたのです。

玄達　密告したのは誰じゃ？

愛之助　分かりません。祝言の席から、いきなり連行され、まともな取り調べもされぬまま、この島へ。

玄達　先ほど伊勢屋と申したが、それは江戸でも指折りの廻船問屋だった伊勢屋のことか？

愛之助　はい。明治の世となってからは、エゲレスやメリケンとの商いを手広くやるようになりましたが。

玄達　一味を援助したと見せかけるには、店の帳簿を操作せねばなるまい。細工できるとしたら誰じゃ？

愛之助　番頭の半蔵なら簡単ですが……でも半蔵は、父の代から仕えてくれている忠義者です。

玄達　半蔵？どこかで聞いた名じゃ。もしや、村井半蔵のことか？

愛之助　ご存じなのですか？

玄達　そなたは知るよしもあるまいが、今の伊勢屋の主は、その半蔵じゃぞ。

愛之助　本当ですか！

玄達　十年、島におるが、世間の事情は、そなたより通じておる。毎年、本土から送られてくる囚人どもから、絶えず新しいネタを仕入れておるでな。伊勢屋は一旦、新政府に取り潰され、その払い下げを受けたのが半蔵じゃ。

愛之助　あの半蔵が、私の店を……。

玄達　取り調べが充分にされなかった点も奇妙。身近な人間で、役人に顔の利く者はおったか？

愛之助　異国との取引で役人の間に入ってくれた、大月丹波というお方がいます。

玄達　大月、丹波……その名にも聞き覚えがある。

愛之助　大月様が、どうされたと？

玄達　今は新政府の要職に就いておる。大金で地位を買ったのじゃ。金の出所は村井半蔵とのもっぱらの噂。

愛之助　すると、半蔵と大月が手を組んで……。

玄達　伊勢屋に大月を紹介したのは誰じゃ？それも半蔵か？

愛之助　いいえ。紹介してくれたのは、
土屋伊織様という私の知り合いです。
大月様は、土屋様が旗本だった頃の上
役だと聞きました。
玄達　そなたと土屋の関係は？
愛之助　土屋様の幼馴染みが、私の祝言
の相手なのです。
玄達　その娘は、美しいか？
愛之助　はい、それはもう。
玄達　もしや娘に、土屋は惚れおったの
ではないか？
愛之助　はて？そう言われますと、確か
にそんな気も。
玄達　段々と見えて参った。三人は、祝
言の席にもおったのか？
愛之助　はい。
玄達　その時、三人に不審な点はなかっ
たか？
愛之助　いいえ、特には……あ、そういえ
ば！
玄達　何じゃ？
愛之助　三人とも、普段はとても冷静な
者ばかりです。悪く言えば、どこか計
算高いというか……。ところが、あの
日に限って、三人とも警察にやたら激
しく抗議してくれました。あれでは一
緒に逮捕されかねないと、こちらが心
配したほどで。

玄達　謎が解けた。三人はグルじゃな。わざと強く抗議してみせ、疑いを逸らそうとしたのじゃ。そなたが居なくなれば、半蔵は店を意のままに出来る。大月は半蔵の金で新政府入り。土屋には娘が手に入る。三人の利害が一致して、そなたを罠にかけた。

愛之助　そんな、信じられません！

舞台暗くなり、下手手前にスポット。そこに土屋、村井、大月。

大月　よーし！これで愛之助は、島送りと決まった。

村井　若旦那様さえ居なくなれば、伊勢屋の身代は、手前の一存で、どうにでも。

大月　当てにしているぞ。私の望みは、新政府で出世を果たすこと。金がいくらあっても足りぬのだ。

村井　お任せください。大月様がお偉くなれば、手前の商売にも都合がよい。

土屋　大月殿は出世、半蔵は金か。俺は、芳乃さえ手に入れば、他に何もいらぬ。

村井（馬鹿にしたように）女など、金さえあったら、いくらでも手に入りましょうに。

土屋　そんな女らと、芳乃を一緒にする

な！芳乃は俺と同じ旗本の家の出。世が世であれば、愛之助との祝言などあり得なかったのだ。

村井　こうなったからには、三人は一蓮托生。この世の栄耀栄華を、とことん味わおうじゃありませんか。

大月　面白い！俺は政治の世界で、半蔵は商いで、そして土屋は軍人として、それぞれ頂点を目指すのだ。愛之助など、そのための捨て石に過ぎぬ（ト高笑い）

スポットが消え、元の明るさに戻る。

愛之助　私はついさっきまで、絶望のあまり己の命を絶とうと思っておりました。でも、今は違う。何としても島を抜け出し、私を地獄へ堕とした あの三人に、復讐を果たさねばなりませぬ。もう一度、抜け穴を掘りましょう！玄達殿の薬が切れる前に、ここから脱獄するのです。私はまだ若い。一人では十年かかることも、私たち二人でなら五年、いや、三年でやり遂げられる筈です。

玄達　よし、分かった！そなたが手伝ってくれるのなら、やり直してもよい。早速、明日から取りかかろう。

愛之助　村井半蔵、大月丹波、そして土屋伊織。必ずやお前たち三人に、悪行の報いを受けさせてやる。覚悟して、待っておれ！

舞台暗転……紗幕が下りる。

■四場　東京市中（紗幕前）　明治十年二月の午後

下手から土屋伊織、出てくる。やや遅れて、同じく下手から芳乃。

芳乃　あの、土屋様。

土屋（振り返って）芳乃ではないか。どうした、何か拙者に用でも？

芳乃　熊本へご出征と聞きました。それで、お見送りをと。

土屋　実はな、新政府を捨て野に下った、かの西郷隆盛が、反乱の狼煙を上げたのじゃ。

芳乃　さようでしたか。ご武運をお祈りいたします。

土屋　西郷の軍は、手強き相手。だが、負けはせぬ。元旗本の意地を見せてくれよう。

芳乃　あの……土屋様は、もしやご存じでは？　愛之助様が、今どうしておられるか。

土屋（憮然として）どうしておるも何も、陰謀に荷担した罪で、島流しにされたのではないか。拙者の見送りと言いながら、本当は奴の様子を聞きに参ったか。

芳乃　……。

土屋　芳乃、あんな男のことなど、忘れてしまえ！

芳乃　出来ませせぬ。わたくしは、今も愛之助様の妻。

土屋　奴は、ただの罪人ではないのじゃぞ。資金を援助した秘密結社というのも、つまりは西郷隆盛の一党に相違あるまい。

芳乃 あの人は無実です。いつか潔白が明らかとなり、わたくしの元へ戻ってくる。そう信じているのです。

土屋 まだ、そんな気持ちでおるのか……。なれば、教えてやろう。愛之助は、もはや生きてはおらぬ！

芳乃 えッ！まさかそんな……。

土屋 島に流されて間もなく病にかかり、あっけなくこの世を去ったそうじゃ。

芳乃 愛之助様が、亡くなった……。嘘です！わたくしは信じませせぬ。

土屋 嘘ではない。いくら待っても、もうあの男は戻ってこぬ。聞いてくれ。拙者は、この戦さで命を落とすやも知れぬ。だが、もし生きて帰れたら、そなたに頼みがある。

芳乃 （さえぎって）イヤ、死ぬだなんて！愛之助様ばかりか、幼馴染みの土屋様まで失ってしまったら、わたくしは一人ぼっちに。

土屋 では、約束して欲しい。無事戻ったら、拙者の妻になると。

芳乃 わたくしが、土屋様の？

土屋 分からぬか？拙者はな、これまでずっと、そなたを想い続けてきたの

じゃぞ。

芳乃 なりませぬ。わたくしの夫は、愛之助様ただ一人。

土屋 では、どうしても、ならぬと？

芳乃 はい、どうしても。

土屋 ……あい分かった。となれば、戦さの場で潔く果てるまで。敵陣へ真っ先に突っ込み、侍らしく見事散ってみせよう。さらばじゃ、芳乃（ト上手へ向かう）

芳乃 あ、待って、待って下さい！

土屋 拙者の妻に、なってくれるか？

芳乃 ……なります。だから、決して死なぬと誓って下さい。

土屋 誓う、誓うとも。必ず生きて、又そなたの元へ。

土屋、上手へ去る。

芳乃 ああ、わたくしは、何ということを口にしてしまったのでしょう。どうぞ、お許し下さい。愛之助様、愛之助様……。

芳乃、悲嘆にくれつつ……舞台暗転。

■五場　牢獄　前場の一年半後　夏の夜

紗幕が上がると、同じ牢獄。日付代わりに刻んだ印、さらに増えている。上手から看守②、食事を運んでくる。

看守②（扉の下から差し入れ）三百五号、晩メシだ。

愛之助、扉に近づき、看守②が立ち去ったのを確かめると、地面のムシロを取る。ムシロの下には抜け穴。

愛之助（穴の奥に向かって）玄達殿、玄達殿。

穴から玄達が顔を出す。愛之助の手を借り、出てくる。

愛之助　ようやく半分まで掘り進みました。あと二年も続ければ、海岸へ出られます。

玄達　だがワシには、もはや海を泳ぎ渡る体力が残されておらぬ。その時がきたら、そなた一人で逃げるがよい。

愛之助　何をおっしゃいます！玄達殿のお陰で、ここまでやってこられたのです。逃げる時は一緒に。

玄達　悪いが、今夜は作業を休ませてくれぬか。体の調子が良くない。

愛之助　構いませんとも。大事なお体、今後、穴を掘るのは、私一人でやりますので。

玄達　そうはいかぬ。二人で掘り続けたから、予定より早く進んだのではないか。

愛之助　病を抱えたお方に、これ以上無理はさせられません。今夜から私が倍働きます。

玄達　すまぬ、愛之助。

愛之助　では、私は作業に（ト穴の中へ）

玄達　……愛之助は、いい若者じゃ。年寄りのワシが一緒では、例え牢を抜け出たとしても、途中で足を引っ張ることになろう。何とか愛之助一人だけでも、ここから逃してやる手立てはないものか。

突然、いつもの発作が始まる。

玄達（心臓を押さえ）く、苦しい！また発作が……。

守り袋から薬を出そうとする玄達。手が震えて薬を地面に落としてしまう。

玄達　ああ、薬が、薬が……。

痛みに耐えながら、必死で地面を探す。何とか拾い上げ、口にふくむ。穴から愛之助、出てくる。

愛之助　苦しそうな声が聞こえました。大丈夫ですか？

玄達　薬を飲んで、今は落ち着いたが……実は、それが最後の一粒。次の発作で、ワシは確実に死ぬ。

愛之助　そんなこと、おっしゃらないで下さい！薬以外で、発作を鎮める方法はありませぬのか？

玄達　方法はない。しかも近頃、発作の起きる間隔が短くなって参った。こうして、そなたと話すのも、恐らくこれで終いとなろう。

愛之助　それでは、あまりに辛すぎます！ようやく孤独から救われたと思っていたのに……。

玄達　これより話すことは、ワシの遺言だと思って聞いてくれ。そもそも、ワシがここへ送られた理由を、そなたに教えてはいなかったの。

愛之助　はい。よほど深い事情がおありかと存じ、あえてお訊ねしませんでした。

玄達　では、そなたにだけ秘密を明かそう。代々我が薬師寺一族は三河の山中に隠れ住み、神君・家康公より託され し黄金を守り続けて参った。黄金は、徳川の浮沈に関わる大事の際、軍資金とすべきもの。それゆえ、薩長の軍勢が江戸へ攻め入ると知って、ワシは一人山を下りた。何としても、黄金のありかを将軍様へ言上せねばならぬ。なれど不覚にも、ワシは敵方に捕らわれてしもうた。薩長の者らは、将軍様宛の書状を目にするや、すべてを白状させんと拷問にかけおった。だがワシは、頑として口を割らなんだのじゃ。

愛之助　それで島へ送られたと……。

玄達　黄金は今も三河の山中に眠っておる。(懐から地図を出し)これに隠し場所を記しておいた。ワシが死んだら、直ちに島を抜け出し、宝を手に入れるがよい。

愛之助　直ちにと申されましても、抜け穴が完成するのは、まだまだ先。

玄達　穴を掘らずとも脱獄できる方法が、一つだけある。島で罪人が死ぬと、袋に詰められ、断崖から海へ投げ捨てられるのじゃ。だからワシが死んだら、袋から亡骸を出し、代わりに入ればよい。

愛之助　そんなこと、出来ません！

玄達　やるのじゃ！そなただけでも島を抜け出せると分かれば、安心して死んでいける。だから、頼む。

愛之助　分かりました。おっしゃる通りにいたします。

玄達　これで思い残すことはない。自分の牢へ戻ろう。（愛之助の手を借り、穴の中へ入りながら）次の発作は、今日明日にも起こる筈。ワシが死んだと分かれば、看守の者らが騒ぎ出す。入れ替わる機会を逃すでないぞ。

愛之助　はい、玄達殿。

玄達、穴の中に消える。

愛之助　……はて、どうしたのだ、この気持ちの高ぶりようは？もしかすると私は、今日か明日にも、島を抜け出せるかも知れぬ。けれどもそれは、玄達殿の死と引き替えに得られるもの。私は何という人でなしだ。孤独だった私を慰めてくれた、恩人とも言うべき玄達殿の死を待ち望むとは……。

寝台に身を投げる愛之助。やが

て、朝の光が差し込む。上手から看守②。

看守②（扉の下から差し入れ）三百五号。起きろ、朝メシだ。

看守②、代わりに前夜の夕食の盆を持ち去る。扉に近づき、聞き耳を立てる愛之助。やがて、看守②の声が響く。

看守②の声　大変だ！囚人が、囚人が死んでおるぞ！

上手から朽木伝内と看守②。

朽木　それで、死んだのは誰だ？

看守②　薬師寺玄達にございます。

朽木　なに、玄達が？そうか。結局、秘密を抱えたまま、あの世へ行ったのだな。

看守②　秘密とは何でござる？

朽木　お前ごときが知る必要はない！亡骸を始末する支度をせい。

朽木と看守②、上手へ。

愛之助　ようやく島を抜け出す時がき

た。玄達殿、お与え下されたこの機会、無駄にはいたしませぬ。悪党どもに報いを受けさせ、奪われた幸福を、この手に取り返してみせます。

愛之助、穴に潜り込み……紗幕が下りる。

■六場　地獄島の断崖（紗幕前）　前場から数時間後

荒々しい波の音が聞こえてくる。

上手から朽木伝内、看守②③。看守②③は、亡骸を入れた袋を運ぶ。舞台中央で一旦、その袋を地面に下ろす。

看守②　この仏、見かけはかなり重そうに見えたが、意外と軽かったな。まさか、中身を間違えたとか？

看守③　そんな訳ないだろ。（朽木に）どうします？念仏か何か唱えてやりますか？

朽木　新政府に逆らった大罪人。行く先は地獄と決まっておる。念仏など必要あるまい。

看守②　なら、とっとと片づけましょうかね。

看守②③、袋を持ち上げる。

看守②③ ひの、ふの……みーッ！

反動をつけ、海（客席）へ放り投げようとした、次の瞬間……舞台暗転。闇の中、ザッブーン！という音だけが響く。

二幕〈復讐篇〉

■一場　大広間　明治十五年　春の夜

紗幕が上がると、葵隼人の邸宅の大広間。着飾った紳士淑女がワルツを踊っている。組み合わせは、英国大使ハミルトン卿と伊藤博文の妻・梅子、大月丹波と妻・則子、村井半蔵と妻・季子、土屋伊織と妻・芳乃、大月の息子・兵馬と村井の娘・顕子。伊藤博文は踊りに加わらず、妻のダンスを眺めている。踊りが終わると、それぞれパートナーに一礼、さんざめきながら四方に散る。ハミルトンと伊藤夫妻、中央手前にくる。

ハミルトン（以下、英語で）伊藤閣下、奥方様をお返しいたします。

伊藤（同じく以下、英語で）ハミルトン閣下、私には、妻より他に、返して欲しいものがございます。

ハミルトン　はて、何ですかな？

伊藤　私というよりは、この日本が貴国より返して欲しいもの……それは関税自主権、つまり不平等条約の撤廃です！

ハミルトン　条約は江戸幕府と我が英国政府が結んだ正式なもの。今さら変更はできません。

伊藤（激して）しかしながら、江戸幕府は、とうの昔に滅んだのですぞ！

梅子　あなた、どうして英語でばかり話すの。いえ、勿論わたくしは、全部分かりますわよ。（客席に）すたども、お客さんはとっても分がらねでがんす。せっかくおでんしたのに、失礼でがんす。ええ、わたくしは分かりますのよ、全部。

ハミルトン（以下、日本語で）これは失礼。ご婦人方には関わりのない、野暮

な政治の話をしていただけです。

梅子　何なの、あなた。日本語がおできになるの？

ハミルトン　この通りペラペラです。何しろ、天下の東京大学で、日本文学を教えてる位ですからね。

梅子　げッ、ヤな奴。だから東大は嫌いなの。わたくし、行けたけど行かなくて良かったわ。最初から日本語でお話し。

下手手前に大月、村井、土屋。

村井　大月様、あのエゲレスの大使は、伊藤博文閣下と何の話をしていたのです？

大月　欧米諸国と我が国が結んだ、不平等条約についてだ。

村井　あの条約は、商売の邪魔。こちらが輸出する品には高い関税をかけられ、あちらから輸入する品には安い関税しかかけられない。これでは勝負にならん。

土屋　そう言いながら、ドイツ製の兵器を新政府に高く売りつけ、たんまりと賄賂、いや、コミッションを受け取ったであろうが。

大月　まあ、それを言うな。例によって、私が間に入って、取り持ったのだ。

村井　お陰様でした。後ほど、この礼はたっぷりと。

大月　頼むぞ、半蔵。私も大臣の座が間近となった。また金をばらまかねばならん。

土屋　そんなことより、この邸宅の主は一体何者です？　伊藤閣下まで招くとは、大した羽振りではありませんか。

大月　それが何故か、まったく正体不明なのだ。私にも、葵隼人、という名前しか分からぬ。とにかく、途方もない金持ちであることだけは、間違いない。

上手手前に則子、季子、芳乃、そして兵馬と顕子。

則子　まだ内緒ですけど、芳乃様には、お知らせしておきますわね。実はこの度、息子の兵馬と、村井様のお嬢様・顕子様が、婚約の運びとなりましたの。

芳乃　まあ、そうでしたか。

季子　大月様は、次の大臣候補。わたくしの夫、村井の会社も、今では国中に名の通った商社となりました。二人が結ばれれば、両家の格式は、さらに上がるというもの。

則子　おっしゃる通り。これ以上の良縁

は、ございません。

芳乃　本当に似合いのお二人ですものね。おめでとう、兵馬様。

兵馬　ありがとうございます。

芳乃　顕子様も。

顕子　ありがとう、芳乃様。

季子　まあ、ここだけの話。持参金も相当な額を用意しておりますのよ。ホホホホホ。

則子　さあさあ、今度は二人だけで踊ってらっしゃい。

二人、音楽に合わせ、軽やかに踊る。花道に立つ葵隼人（＝愛之助）にスポット。粋な髭をたくわえ、頭にはターバン、右手にはステッキ、トルコの太守のようなエキゾチックな上着をまとっている。

隼人　ようやく、この東京へ帰ってきた。私を地獄へと突き落とした三人が、いま目の前にいる。村井半蔵！金の亡者のお前には、財産すべてを吐きだしてもらう。大月丹波！お前の悪行を暴いて、屈辱にまみれさせてやる。そして、土屋伊織！よくも私の妻・芳乃を奪ったな。お前に復讐するのは、一番最後の楽しみだ。

下手から従僕、長い杖で床をドンとつく。

従僕（フランス語で）紳士淑女の皆様！館の主、葵隼人にございます！

おーッ！と声を上げ、花道を見る一同。悠然と本舞台へ進む隼人。

芳乃（激しく動揺）あ、あのお方は、もしや……。

季子　どうなさいました、芳乃様？

則子　どこか、お加減でも？

芳乃　いえ、何でも、何でもございませ

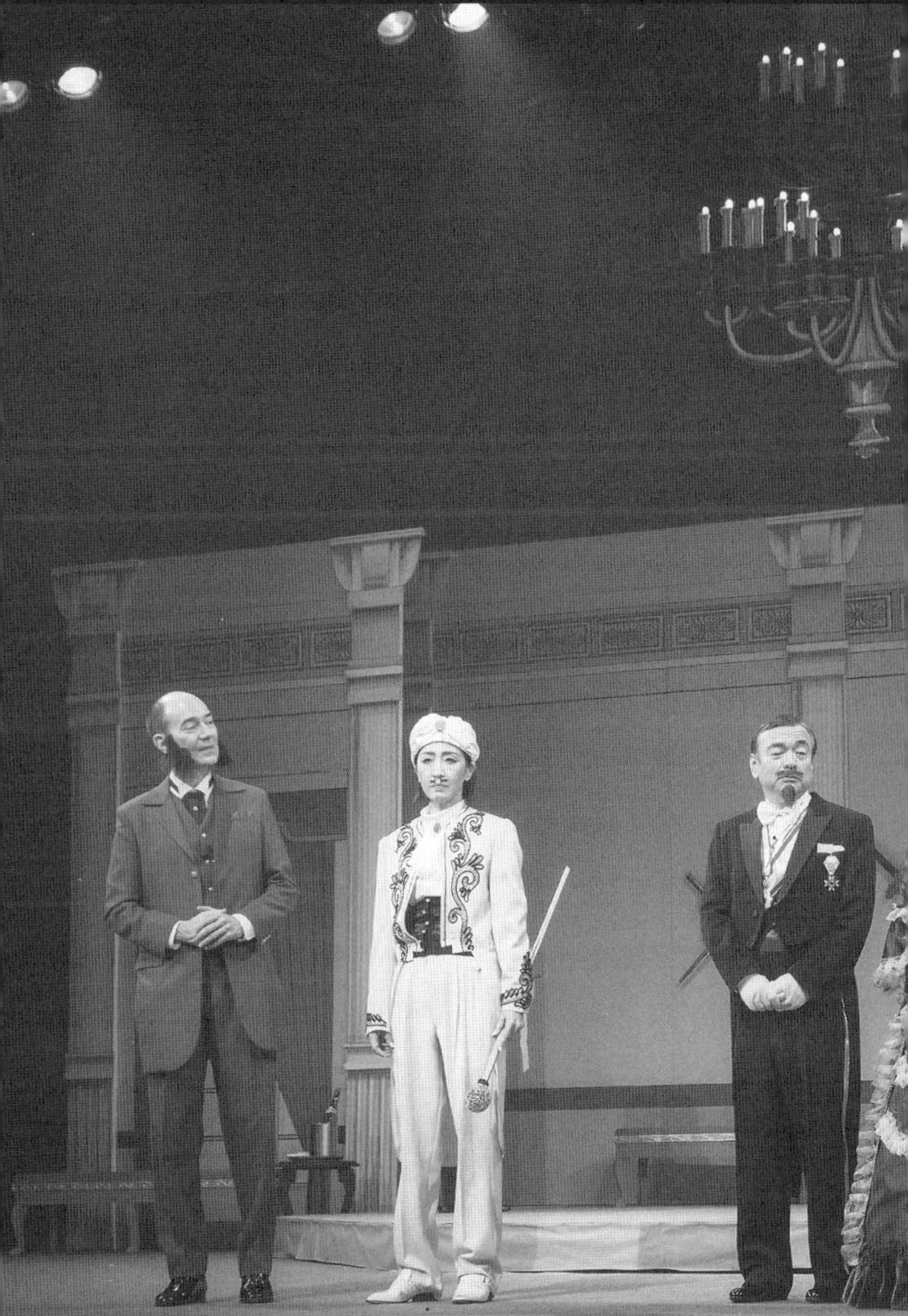

ん。

ハミルトン　あなたが葵隼人さんですか。ようやく、お会いできました。赤十字への過分なる寄付、感謝します。

伊藤　この御仁、東京のありとあらゆる慈善事業に、莫大な寄付をしておってな。まったく、どれほど財産があるのか、底が知れぬ。

村井　慈善など金をドブに捨てるようなもの。私の事業に投資をなさい。一年で倍にして差し上げますぞ。

ハミルトン　葵さん、あなたにちょっとお話が……。

ハミルトン卿と隼人、客の間から離れる。

ハミルトン　寄付の御礼に、一つご忠告申し上げましょう。村井の口車に乗って、投資などなさらぬように。

隼人　何故です？村井商会といえば、誰もが知る一流商社ではありませんか。

ハミルトン　私の耳には、別の噂も届いています。先頃ドイツから輸入した兵器にからんで、かなりのリベートを懐にしたとかしないとか。その一部は、あの大月という新政府の高官にも渡っているそうですよ。

隼人　分かりました。ご忠告、感謝します。

ハミルトン卿、客の中へ戻る。隼人と芳乃を残して、一同は上手へ退出。

隼人　相変わらず村井と大月は、つるんで悪事に手を染めているらしい。ではまず村井を締め上げ、それから大月を……。

芳乃　あの、葵様（ト隼人の背中に声をかける）

隼人（振り返り）はい……何か？

芳乃　わたくし、土屋伊織の家内で、芳乃と申します。

隼人　土屋様と申さば、西郷隆盛との戦さで武勲を挙げられた英雄。ご夫妻で臨席とは光栄至極。

芳乃　先ほど、あなた様を見た時は真底、驚きました。

隼人　それはまた、どうして？

芳乃　葵様とよく似た殿方を、存じておりましたもので

隼人　私はごく月並みな人間ですから、似た男などいくらもおりましょう。

芳乃　そのお方は……わたくしの、前の夫でした。

上手から村井、二人の話に割って入る。

村井　話の途中、失礼を。葵様に仕事の相談がありましてな。

芳乃　そうですか。では、わたくしは、これで（ト上手へ去る）

村井　さっき言いかけた件についてですが、いかがかな？我が村井商会ほど、確かな投資先はありませんぞ。

隼人　よろしい。投資しましょう。

村井　え、本当ですか？

隼人　明日の夕方、小切手をお渡ししします。

村井　これは話が早い！さすが、本物の金持ちは違う。

季子（上手から顔を出し）あなた、早くいらして。ディナーが始まりますわよ。

村井　ああ、分かった分かった。では、また明日。

村井、上手へ去り、隼人にスポット。

隼人　長い牢獄暮らしで、私はかつての面影を失っている。だから、私の正体に気づく者など、誰一人いまいと思っていた。なのに、芳乃は違った。あの目は、今の私ではなく、昔の私を見ているる目だ。いや、まさか！あれは罪人となった私をあっさり忘れ、別の男に乗り換えたような女だ。そんな女が、私の本当の姿を見抜けるものか。そうとも、そんなことがある筈はない、ある筈はないのだ。

舞台暗転……紗幕が下りる。

■二場　東京市中（紗幕前）　前場の翌日　夕方

上手から村井半蔵。懐から小切手を出し、悦に入る。

村井（卑しく笑い）葵隼人め、昨日の約束通り早速、小切手を切りおった。大した金額だが、奴にとっちゃ、こんなのは端金に過ぎぬらしい。これからも儲け話をちらつかせ、お宝を引き出してやる。だがあの男、前にどこかで会ったような……いや、気のせいだな。

下手からマスクで目元を隠した黒づくめの男①が現れ、村井の前をふさぐ。

村井　な、何だ、貴様は！

上手へ逃げようとすると、やはりマスクに黒づくめの男②が前をふさぐ。

村井　貴様ら、小切手が狙いか！駄目だ！これだけは死んでも渡さん！どうしても欲しければ、俺を殺してからにしろ！さあ、殺せ！やれるものなら、やってみろ！

黒づくめの男①②、すかさず両側から、村井の頭にピストルを突きつける。

村井　……どうぞ（ト小切手を差し出す）

黒づくめの男①、小切手を破り捨てる。

村井　あッ、何てことを！

黒づくめの男②、村井をピストルの台尻で殴って気絶させ……舞台暗転。

■三場　牢獄　前場から数日後　夜

紗幕が上がると、地獄島の牢獄。
やつれきった顔の村井、裸足で
シャツとステテコだけの姿。扉を
叩いて、必死に助けを求めている。

村井　おーい、誰もいないのか！いつま
で俺を、ここに閉じ込めておく気だ！
もう丸三日、何も口にしてないんだ！
頼む、ここから出してくれ！

扉が開いて、黒づくめの男①②、
入ってくる。男②は、料理を山の
ようにのせた、キャスター付きの
テーブルを押している。

村井　ようやく食い物を持ってきたか。
ありがたい。腹が空きすぎて、もう死
にそうだ。

料理に手を出そうとした村井を、
男①が強く制する。椅子に座り、
骨付き肉にかぶりつく男②。

村井　畜生！見せびらかすため、持って
きたのか！俺にも食わせやがれ！

中に入ってくる葵隼人（＝愛之助）

隼人　ずいぶんと元気そうだな。三日も食事していないとは、とても思えぬ。

村井　貴様！何の怨みがあって、俺をこんな目に！

隼人　まだ分からないか？私の顔を、よーく見てみろ。

村井　貴様の顔が、一体どうしたと……あ、あなた様は！まさか、こんなことがある訳はない！

隼人　ここは、お前たち三人の悪巧みで、私が監禁されていた牢獄。今は島ごと買い取った。お前を死ぬまで閉じ込めておくことも、私には出来るのだ。

村井　（土下座して）若旦那様、どうかお許しを！悪いのは大月丹波と土屋伊織。手前は、あいつらに脅され、仕方なく……。

隼人　見苦しいぞ！まんまと伊勢屋を乗っ取り、母上を失意のどん底で死なせたのは誰だ。悪党なら悪党らしくしろ。

村井　（開き直り）いや、そこまでご存じなら、弁解はいたしません。どうすれば、命を助けていただけます？金で済むことなら、いくらでも。

隼人　ならば、この書類に署名しろ。

村井　何です、これは？……冗談じゃない！こいつは村井商会の譲渡書じゃないか。

隼人　元々、伊勢屋から奪った物。全部吐き出してしまえ。

村井　お断りしよう。いっそ死んだほうがマシだ。

隼人　では当分、食事は抜きだ。もう二三日、腹を空かして考えるんだな。

料理を下げようとする男②。

村井　待て、待ってくれ！分かった、署名する。

男①　ディス、イズ、ア、ペン（ト村井にペンを差し出す）

村井、そのペンで書類に署名する。

隼人　結構だ。さあ、食べてもいいぞ。

村井、猛然と食べ始める。男①、テーブルの上に、紙の束を置く。

村井　何だ、この紙の束は？

隼人　今度は告白書を書いてもらう。輸入した兵器にからんで、大月丹波と組み、莫大な賄賂を受け取ったのは分

かっている。その経緯をすべて書くのだ。

村井　話が違う！財産を渡したら、ここから出してくれるんじゃなかったのか。

隼人　約束したのは、お前の命を助けるということだけだ。出たければ、告白書を書くがいい。

村井　書いたら、それをどうするつもりだ？

隼人　お前と大月丹波の罪を、天下に明らかにする。

村井　ふざけるな！それでは島から出ても、俺の行き場所がなくなるではないか。

隼人　では死ぬまで、この牢獄にいるのだな。

隼人、男①②、牢獄を出て行く。

村井　待て、待ってくれ！話し合おう。これでは、あんまりだ。ああ、俺は破滅だ！一体俺はどうしたらいい、どうしたらいいんだ！

牢の外で、男①②に指示を与える隼人。

隼人　あと数日で奴は落ちる。告白書ができたら、写しを取って、東京中の新聞に送りつけよ。それで大月はおしまいだ。

隼人たち、上手へ……紗幕が下りる。

■四場　東京市中（紗幕前）　前場から数日後　夕方

下手から急ぎ足で兵馬、やや遅れて顕子。

顕子　待って下さい、兵馬様！どうか思い直して。ね、お願い。

兵馬（立ち止まり）顕子さんも昨日の新聞を、ご覧になったでしょう？東京中のあらゆる新聞、しかも第一面にデカデカと、父上の汚職疑惑が取り上げられているのですよ。友人の記者に聞きました。金で紙面を買い切り、記事を掲載させたのは、あの葵隼人なる大富豪です。私は断じて奴を許すことが出来ません。

顕子　だからといって、決闘を申し込むなんて無茶です。

兵馬　父上の名誉が汚されたと知って、

私はすぐ葵隼人と面会し、記事を撤回した上、謝罪するよう求めました。だが、あの男は、記事は皆本当だと、素っ気なく断った。もはや決闘以外に、父上の汚名を晴らす手立てはありません。

顕子　兵馬様は血気に逸って、目の前が見えなくなっていらっしゃるのです。もしも、あなたが決闘でお倒れになったら、残されたわたくしは、どうすればよいのです。兵馬様が死んだら、わたくしだって生きてはおりません。

兵馬　顕子さん……。

顕子　わたくしの父は、いまだ行方知れ

ず。村井商会も人手に渡ってしまいました。わたくしには、兵馬様しかいないのです。

兵馬　済まない、顕子さん。だが、今の私に、決闘のほか、道はないのだ！

顕子　あ、待って！兵馬様、兵馬様……。

二人、上手へ去り……舞台暗転。

■五場　森の中　前場の翌日　早朝

紗幕が上がると、郊外の鬱蒼とした森の中。下手に葵隼人（＝愛之助）、傍らの切り株に短銃が二丁。上手から芳乃、出てくる。

芳乃　葵、隼人様。

隼人　これは奥様、どうしてこんなところへ？

芳乃　お願いがあって参りました。兵馬様との決闘は、おやめになって下さい。

隼人　それは出来ません。彼は公の場で、私を侮辱したのです。

芳乃　では、葵隼人様ではなく……伊勢屋の、愛之助様におすがりいたします。

隼人　いま私を、愛之助、と呼びましたか？

芳乃　外見こそ変わっていらっしゃいますが、あなたの目を見た時、すぐにそうだと分かりました。あなたの妻だった芳乃が、昔のままの愛之助様にお願いするのです。どうか兵馬様を、お助け下さい。

隼人　昔のままの愛之助は、とうに死んだ。そなたの現在の夫・土屋伊織、そして村井半蔵と大月丹波の密告のせいで。

芳乃　密告ですって！では、そのため、あなたは島流しと。そうとは知らず、わたくしは土屋と……。

隼人　だから私は、復讐をせずにはいられないのだ。

芳乃　村井様が行方知れずとなり、大月様の不正が暴露されたのも……。

隼人　すべて私のしたこと。

芳乃　すると、次は土屋の番なのでしょうか？

隼人　最愛の女性を奪った男。土屋への復讐は、最後の楽しみに残している。

芳乃　土屋の行いを考えますと、それも仕方ないと思います。けれども、兵馬様には何の罪もありません。もし兵馬様を殺せば、それは許嫁の顕子様の心をも殺してしまうことになるのですよ。

隼人　仇の子がどうなろうと、知ったことか。

芳乃（さえぎって）いいえ！それでは、かつてわたくしたちが受けた仕打ちを、今度はあなたが二人にすることになってしまいます。兵馬様と顕子様は、親の地位や財産などとは関係なく、本当に愛し合っているのです。わたくしたちの間は、邪悪な者らに引き裂かれてしまいましたが、それと同じ真似を、あなたがしてはなりません。せめて、若い二人だけには、幸せになる道を残してあげて下さい。

隼人　ならばそなたは、私に死ね、と言うのだな。

芳乃　まあ、どうして、あなたに死ねだなどと。

隼人　これは決闘なのだ。兵馬を生かそうと思ったら、私が死ぬしかない。

芳乃　そんなのいけません！決闘を中止なさって下さい。

隼人　中止するには記事を撤回し、大月へ謝罪しなくてはならない。そんなことは、私には出来ない。

上手から大月丹波、出てくる。

大月　葵隼人！息子との決闘は許さぬぞ。

芳乃　大月様！

大月　貴様のお陰で、俺の政治生命は絶たれた。その上、息子まで死なせる訳にはいかん。決闘なら、俺が相手をする。

隼人　いいだろう。それが、お前の望みなら。

芳乃　いけない。復讐のためとはいえ、人を殺すのは許されません。

大月　復讐？何の話だ？

隼人　お前は、自分が密告した相手の顔を、見忘れたのか。

大月　俺が密告？……貴様は、愛之助！

隼人　これで私の狙いが分かっただろう。お前たちを裁くため、私は地獄の島から戻ってきたのだ。

大月　ならば今度こそ決着をつけてやる。

隼人　望むところ。さあ、銃を選ぶがよい。

大月、差し出された二丁の内、一方を取る。

隼人　弾はそれぞれ一発のみ。背中合わせに、十歩あるいたら撃つ。よいな。

大月　心得ている。

舞台中央、背中合わせに立つ隼人

と大月。一呼吸おいて、それぞれ前へ歩む。大月は五歩目で振り向き、隼人の背中に狙いをつける。

芳乃　危ない、愛之助様！

大月、狙いを外す。隼人は平然と、そのまま十歩を歩き切って、振り返る。

大月　（銃口を向けられ）よ、よせ！やめろ！た、助けてくれ！

ややあって、空へ向け発砲する隼人。上手から兵馬、飛び出してくる。

兵馬　父上！

気が抜けて、倒れかかる大月。

兵馬　大丈夫ですか、父上。

隼人　狙いは外した。どこにも怪我はない。

大月　何故、助けた？俺が憎くはないのか？

隼人　お前は地位も名誉も失った。村井と同じく生ける屍。殺すまでもない。

兵馬　では、村井様は生きておいでか？
　今どこにいる？
隼人　無事に返してやってもよい。だが、条件がある。
兵馬　何だ？
隼人　村井の娘と、お前が一緒になることだ。
兵馬　顕子さんは許嫁。貴様に言われるまでもない。
隼人　無一文となった男の娘。それでも構わぬのだな？
兵馬　見くびるな！財産のあるなしで、妻は選ばん。
隼人　よかろう。一週間以内に、村井は返してやる。
兵馬　本当だな？
隼人　約束は守る。父親を連れて帰るがいい。

兵馬、大月を支えながら、上手へ去る。

芳乃　ありがとうございます。やはり、あなたは前のままの愛之助様。
隼人　そなたの言葉で、目が覚めたのだ。人を殺めることの罪深さを悟った以上、もう復讐は続けられない。
芳乃　では、土屋もお助け下さると？

隼人　私は日本を離れようと思う。一緒に来てはくれまいか？

芳乃　それは出来ません。わたくしは、一度はあなたを裏切り、別な男に嫁いだ女です。

隼人　私は過去を捨てる。そなたも、そうするのだ。明日の深夜十二時、屋敷に来てくれ。待っている（卜身を翻し、下手へ去る）

芳乃　あ、愛之助様……。

芳乃、その場に立ち尽くし……舞台暗転。

■六場　大広間　前場の翌日　深夜

舞台明るくなると、葵隼人の邸宅の大広間。隼人（＝愛之助）と梅子がいる。

隼人　奥様。こんな時間にお呼び立てして、申し訳ございません。

梅子　あのような申し出をいただいて、駆けつけぬ訳には。でも本当に、よろしいの？

隼人　はい。私の財産は、命の恩人とも言うべき、さる人物から預かった物。こうした形で社会に還元できるのであれば、きっとそのお方も喜んでくれましょう。

梅子　刑務所の劣悪な環境を改善し、無実の囚人には救いの手を差し伸べる。立派な考えです。あなたから頂戴したお金を元に、必ず然るべき組織を立ち上げます。

隼人　ありがとうございます。

梅子　けれども何故、主人の伊藤に頼まなかったのです？　いずれは、内閣総理大臣にもなろうかという男ですのよ。

隼人　それは、奥方様のお人柄を、ご信頼申し上げているからです。

梅子　（笑って）まあ、主人では信用できないとでも？

隼人　いいえ。私は男というものが信用できぬのです。男は自分の欲望のため、平気で人を裏切る。けれども、女たちは違う。女性は地位や名誉、金や権力などではなく、愛によって行動します。だから私は、女性の代表としてのあなたに、全財産を託したいと思ったのです。

梅子　それは責任重大ね。

隼人　この書類をお渡ししましょう。いつでも銀行から引き出せるようになっています。

梅子　確かに、受け取りました。これから、あなたはどうなさるの？
隼人　異国へ渡ります。二度と戻ること
はないでしょう
梅子　あなたお一人で、ですの？
隼人　それについては、時計の針が十二
時を指す時までには分かります。
梅子　最愛の人を待ってらっしゃるの
ね。その方が現れるよう心からお祈り
しますよ。

梅子、立ち去りかけ……立ち止ま
る。

梅子　あなたには何か深い秘密がありそ
うだけど……わたくしに話すつもり
は、ないのでしょうね？
隼人　はい、お話ししても、信じてはい
ただけないと思いますので。
梅子　では、聞かないでおきます。さよ
うなら、葵隼人さん。
隼人　さようなら、奥様。

梅子、上手へ去る。

隼人　約束の時刻まで、あと少し。果た
して芳乃は……。

カチコチという針の音、高まる。

十二時を告げる時計の鐘。

隼人 約束の時刻は過ぎた。やはり芳乃は、私の元へ戻ってきてはくれなかったか。

上手から芳乃、後ろから突き飛ばされるように出てくる。

隼人 あ、芳乃。

続いて土屋、出てくる。

土屋 久しぶりだな、愛之助。

隼人 土屋伊織……どうして、ここへ？

土屋 芳乃の置き手紙を見て、すべてを察したのだ。

芳乃 それで無理やり一緒に。ごめんなさい、あなた。

土屋 村井からは金を、大月からは名誉を、そして俺からは女を奪うつもりだろうが、そうはいかん。芳乃は俺の物。今夜ここで、貴様に引導を渡してやる。

壁に飾られたサーベルを取る土屋。

隼人 よかろう。お前のような卑劣な男に、芳乃は渡せぬ（ト同じくサーベル

を取る）

芳乃　ああ、おやめ下さい！どちらが傷ついても、わたくしには耐えられない。

隼人と土屋、激しく斬り合う。腕前は互角、勝敗の行方は全く見えない。

土屋　貴様、剣の腕を、どこで磨いた？

隼人　牢獄の中でだ。お前を切り刻む日を、夢に見ながらな。

土屋、別のサーベルを壁から取り、二刀流で攻めてくる。隼人の体勢が崩れ、サーベルを叩き落とされる。

芳乃　あーッ、愛之助様！

土屋　とどめだ、覚悟ッ！

土屋のサーベルが、隼人の心臓を狙う。隼人と土屋の間に飛び込む芳乃。その胸にサーベルが突き刺さる。

土屋　よ、芳乃！

逆上した土屋、再び隼人に襲いか

かる。素手の隼人は、土屋のサーベルを奪い、相手の腹に深々と刺す。

土屋 芳乃、俺は、いつだって、お前を……。

土屋、絶命する。サーベルを捨て、芳乃を抱きかかえる隼人。

隼人 芳乃、大丈夫か！

芳乃 わたくしは、もう駄目。でも、こうなって、よかったのです。これで、あなたへのお詫びが、できました。

隼人 そなたが詫びることなど何一つない。これから二人で、失った時を取り戻すのではなかったのか。私と一緒に旅へ出よう。これからは、ずっと二人で暮らすのだ。

芳乃 そのお気持ちだけで、わたくしは充分。

隼人 死ぬな、芳乃。そなたが死んだら、私のしてきたことが、すべて無意味なものになってしまう。

芳乃 意識が、薄れていく。最後に、わたくしの願いを、聞いて下さい。

隼人 おお、聞くとも。何でも言ってくれ。

芳乃　わたくしを、あなたの妻だと、愛之助の妻は、芳乃だと、そう、おっしゃって下さいませ。

隼人　そなたは、私のただ一人の妻。これまでもそうだったし、これからもそうだ。

隼人　嬉しい。愛之助、様……。

芳乃　あ、芳乃、芳乃。

息を引き取る芳乃。隼人、立ち上がり、壁に飾られた短剣を手にする。

隼人　芳乃。そなた一人を、行かせはせぬ。

今まさに短刀を己の胸に突き立てようと、両手で頭上に高く掲げる隼人。音楽高まり、最後の幕が下りてくる。

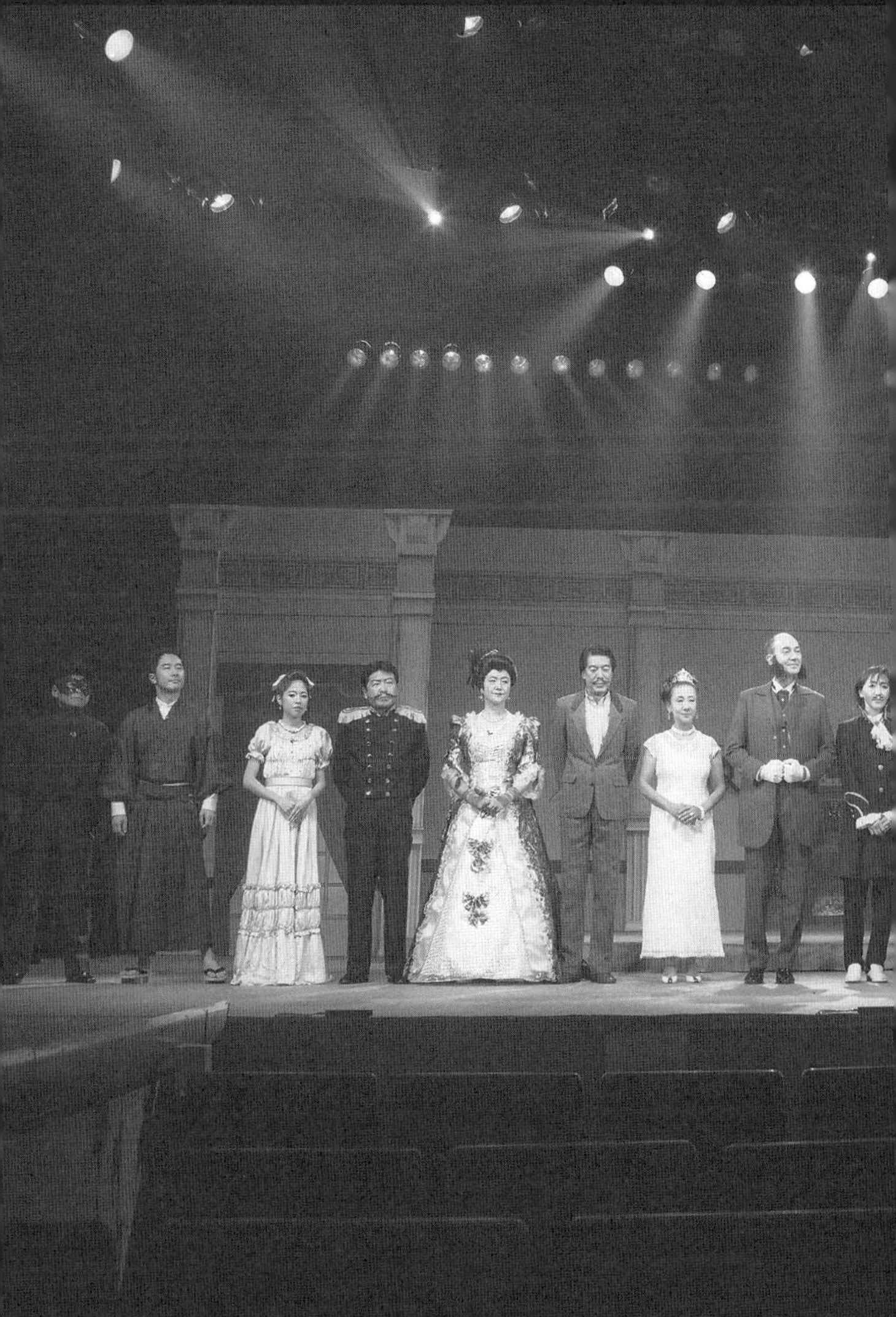

撮影：松本　晃

第五章　文士劇研究

復活盛岡文士劇
地域魅力創造の場における社会関係の形成と気分の醸成

小長谷　悠紀
（目白大学短期大学部・准教授）

本稿は、平成二十年度経済産業省産学連携人材育成事業（サービス人材分野）での、「観光地経営専門家育成プログラム」開発に於いてプログラム受講者に伝えたい事例として〝プロジェクト遂行上の人的ネットワーク形成〟というテーマで報告した拙稿（二〇〇九）を加筆修正したもので、主に二〇〇八年に盛岡市で実施した関係者聞き取り成果にもとづいて分析・構成されている。文中人物名は敬称略とさせて頂いた。

一・盛岡市と文士劇の概要

盛岡市の概要

岩手県のほぼ中央、内陸部の盛岡市は、慶長年間（一五九六～一六一五）の盛岡城（不来方城）築城に発する旧・南部藩都である。岩手山や姫神山が望め、北上川、中津川、雫石川が市内を流れる。訪れた人々の目に川景色も印象的な「杜と水の都」、東北の「小京都」などともいわれる。

現在の中心市街地の骨格となった城下町は、商業地、繁華街、武家地などを環状に配置した当時としては先進的な都市計画によるもので、軍事、商業、交通の用途に長けた造りである。領内の金、馬、海産物に恵まれ、藩の政治・経済中心地として栄えた。城は一八七四（明治七）年に旧・藩政の象徴とみなされて壊されてしまったが、盛岡城址公園に石垣が残っており、「不来方のお城の草に寝ころびて空に吸われし十五の心」（石川啄木）の句でも知られている。

市政としては、一九九二年に南に隣接する都南村、二〇〇六年に北に隣接する啄木のふるさと玉山村と合併し、人口約三十万人の都市になった（面積八八六・四七平方㎞）。また、秋田新幹線（一九九七開通）や東北新幹線の全線開通（二〇〇二）が北東北での盛岡の拠点性を高めると見すえ、県全体の発展を誘導する交流拠点都市を目指している。まちづくりの基本目標を「人々が集まり・人にやさしい・世界に通ずる元気なまち盛岡」と定め、「盛岡ブランド」によるまちづくり事業を展開している。

観光入り込み客数は、二〇〇四年以来右あがりで、ＮＨＫ連続ドラマ小説も影響した二〇〇七年は四七〇〇万人強となった。

盛岡文士劇とは

文士劇とは、専門の役者ではなく、文筆家、画家などが演じる芝居をいう。明治の文壇から例が見られるが、一九三一（昭和九）年から菊池寛の文藝春秋社が読者サービスとして始めた文士劇はとりわけ人気を博し、当時の若手文士の憧れとして知られた。

盛岡文士劇は、菊池と交友のあった鈴木彦次郎によって始められた。鈴木は盛岡に疎開してそのまま留まった人で、戦後復興・歳末助け合い活動の場で「市民の楽しみを」

と芝居を立ち上げたという。一九四九（昭和二四）年から一九六二（昭和三七）年まで一三回続いた。盛岡における〝旧・文士劇〟である。
盛岡では、平成に入って再び文士劇が上演されるようになった。これが標題の〝復活文士劇〟である。平成の盛岡文士劇は、二〇〇八年暮れで（復活後）一五回を数えた。同年一二月、新幹線車内誌『トランヴェール』の巻頭で、脚本家・内館牧子は次のようにその印象を綴っている。

たとえば、サザンオールスターズの桑田佳祐さんが書く歌詞は、故郷湘南への思いがにじむ。私は桑田さんの歌を聴くたびに、湘南を愛する御自身の幸せよりも、こんなに愛されて跳ねて喜んでいるであろう湘南の幸せを感じる。（中略）師走の風が吹くと、やはり跳ねて喜んでいるであろう盛岡の幸せを思う。

本稿は、主に復活文士劇をめぐる人びとの動き、人的ネットワークの作り方や広がり方に着目する。

二．盛岡劇場と文士劇の復活

市民パワーで誕生した劇場の復活劇

復活・盛岡文士劇の舞台、盛岡劇場（盛岡市松尾町）についてもふれたい。

盛岡劇場は、一九一三（大正二）年、舞台芸能に関心の強い民間有志の出資で造られた。東京帝国劇場に遅れることわずか二年で、東北初の近代的演劇専用劇場として誕生している。設計は、東京駅、旧・盛岡銀行なども手がけた辰野葛西建築事務所である。

この初代の劇場は、戦時閉鎖の後に県内有力財閥であった当主によって再建が図られたものの、映画やテレビの普及下、思うように観客が集まらず、同当主の逝去とともに再び閉鎖となった（昭和二七－四三年、谷村文化センター時代）。一九八三（昭和五八）年、建物も廃屋として解体に至った。

現在の盛岡劇場は、市民からの復活運動を受けて市が再建し、一九九〇（平成二）年七月に開館した。かつての建物こそ失われたが、「市民の表現活動振興を」というコンセプトで、市民の劇場としての再生をはかった。関係者の努力は実を結び、全国的な公立文化ホール建設ブームが生じた一九九〇年代半ば、水戸市や伊丹市などと並んで、公立ホールの成功例と数えられるようになった。

盛岡文士劇復活へ向かった人の動き

聞き取りでは、一九九一（平成三）年頃のことだと聞いた。文士劇復活を望んだ一人、当時の岩手放送代表取締役河野逸平は、「こういう形であれば、文士劇の復活が可能ではないか」という構想を思いついた。河野はそれをメモし、まず旧・盛岡劇場の舞台監督を父に持ち、自身も民官の劇場マネジメントを歴任して地元のネットワークに長じていた斎藤五郎に、さらに盛岡市助役であった桑島博にも見せて、文士劇復活を打診した。

一九九七年、桑島は盛岡市長に就任する。文士劇復活の推進役には、当時、盛岡劇場事業係長であった坂田裕一が指名された（二〇〇八年現在、聞き取り時には盛岡市ブランド推進課長）。坂田は、新・盛岡劇場再生の中心的人物である。その貢献を含みいれた指名であったろう。だがそれだけではなく、「盛岡劇場で復活させる」という意思表示でもあると、坂田は考えた。当初の河野案では、県民会館が上演の場に提案されていた。

そこで、坂田は河野を訪ね、「盛岡劇場でやりませんか」と打診した。県民会館に比べれば、盛岡劇場は小さく客席も少ない。しかし、盛岡の芸事や演劇の歴史から見た、また、今や全国的にも注目されるにいたった〝場所性〟があった。河野は同意した。それから、次にこう言った。

「では、高橋（克彦）先生の了承をとらなくては」

高橋克彦は、岩手出身の直木賞作家である。高校までを県内で過ごし、今も盛岡市に住んでいる。この後、鈴木彦次郎が手がけた文士劇を引き継ぎ、座長格となる。

ひとつ進む毎に、話し合いが持たれた。

一方、坂田は、文士劇が現代に復活する意味を新たに問い直し、新しい試みを提案した。昔の文士劇にならっての時代劇に加え、もう一つ、郷土弁を使って芝居を上演しようというものであった。役者候補には、いつもは標準語でニュースを読んでいる地元のアナウンサーがいる。そういう人に、今や失われていきつつある盛岡弁を話しまくってもらおう。こうして、第一部が盛岡弁現代劇、市内名士の口上を挟んで第二部の時代劇へと続く、復活文士劇のスタイルが生まれた。

第一部の座長格は、盛岡一高演劇部出身のフリーアナウンサー畑中美耶子である。畑中が花道から登場し、客席に盛岡弁で語りかけ、場を和ませるところから文士劇はスタートする。かねて市内児童劇団の主宰もしていた人であるが、文士劇をきっかけに、「盛岡弁」の伝承者として宮沢賢治の盛岡弁朗読などの活動も担うようになった。盛岡弁をめぐる動きは、文士劇の波及効果のひとつである。

写真は、二〇〇八年の盛岡文士劇パンフレットの第二部の時代劇キャ

2008年公演第二部（時代劇）の出演者

スト紹介欄、盛岡の文士の面々である。作家、脚本家、音楽家、彫刻家、市長、地元マスコミ関係者、地元放送局アナウンサー、それに盛岡さんさ踊りの「ミスさんさ」がいる。座長格の直木賞作家高橋克彦はじめ井沢元彦らの中心メンバー以外のキャストは、年によって変わる。過去には、浅田次郎、北方謙三、女優の藤田弓子、漫画家のさいとう・たかを、ロドリゲス井之介などがゲスト出演した。

三．復活した文士劇のまわりに生じた人の動きと期待

制作者

盛岡文士劇の実行委員会には、県内マスコミのトップが名を連ねている。岩手放送・河野のメモから実現化に動き出したわけだが、複数ある放送局の中で岩手放送が目立ち過ぎるデメリットをかんがみ、実行委員長は岩手日報社から出した。放送局は、実行委員会からの依頼で出演するアナウンサーを業務派遣する。

芝居を支える裏方は、概ねプロが担う。演出助手などは地元の民間演劇人がボラン

ティアでつとめるが、演出、照明などは例年地元の企業が請け負っている。殺陣の指南役は、わらび座（秋田県・たざわこ芸術村）から招くようになった。金額を言えば企業によるボランティアのような状況だが、それでもマンパワーが揃っている。文士劇の求心力であろう。

かつらも衣装も、県内でまかなえた。地方公演の時代劇では稀有なことだ。北上の地場歌舞伎を支えてきた美容院や盛岡芸者らの着付けの先生などが協力したのである。九二歳の着付けの先生は弟子を派遣し、本番には必ずやって来る。袈裟や昭和期のＴＶは市内の古寺や資料館が貸した。また、プログラムに掲載する広告は、事務局スタッフが依頼してまわって集めている。

一公演あたり、五〇〇～六〇〇万円かかる。市は、当初、二〇〇万円拠出した。三回目の公演からは前売り即日完売となり、市の援助が減ったのだが、成立している。とはいえ、チケット収入は、四六六席×三ステージ×三〇〇〇円。大道具、小道具含めての県内調達、ボランティア的料金でできていることがやはり大きい。

地元観劇者

一〇月の朝六時前、かつてのご城下の繁華街、盛岡劇場の入口前に列ができる。市街地の中心が川の向こうに移転した今では街外れといってもよい界隈だ。五〇代から六〇代の女性が多い。若者も時々混ざっているが、年配の家族に頼まれて並びにきたのか。吐く息は白いが、列の前後での話題は何やら弾んでいる。配られた整理券を受け取り、並んでいた人々は一旦散っていく。配られ出して間もなく一〇〇枚を超えた。そして、人々は九時にまたやってくる。文士劇の前売りをもとめる風景である。劇場窓口の他、市内プレイガイドでも販売されるが、どこも発売開始三〇分程度で売り切れる。

文士劇復活当初は主に〝旧・文士劇〟への再会やノスタルジー感覚を喜んだ年輩の市民が観客となり、その後の継続を支えたとみられている。市内の旧・盛り場に位置する劇場の〝場所性〟も、こうした客層の誘致に貢献したであろう。客は、劇の内容とともに、「盛岡文士劇」の伝承、物語を消費することができる。

作家、文壇関係の観劇者

芝居制作に直接関連する文筆家やその関係者（担当編集者など）による文士劇の消費の仕方は、先にふれたような地元客のそれとは異なる。たとえば、観客には高橋克彦の担当編集者や追っかけなど、六〇名近くと見られるリピーターが含まれている。このような人びとにとっての〝旧・文士劇〟は昔の盛岡文士劇ではなく文藝春秋の〝文壇の文士劇〟であり、好んで消費されるのもそれにつらなる物語、あるいは菊池らにつらなる高橋らの物語である。かつての文士劇が本家で潰え、盛岡の地で継承されている。そ

ロドリゲス井之介「世界の中心でくだをまく」『ビッグコミックスペリオール』（2009年2月13日号）

の点でも、文士劇の消費価値は一様ではない。

また、編集者には打ち上げにも参加し、その年の芝居の出来について発言する人もいる。目の肥えた者の批評を得られるとして劇制作関係者に好評だというが、発言する側においても観劇に付随してもとより期待されている時間であろう。二〇〇七年の文士劇にゲスト出演した漫画家のロドリゲス井之介は、芝居の打ち上げに関係者として参加し、「来年、ぜひ出させてください」と立候補するまでを漫画に描いている。

市政

市は、文化行政の一環として文士劇に補助金を出している。そこには、おそらく二つの考え方がある。ひとつは、文士劇を観る市民らに通じる、地域に伝承する文化芸術としての文士劇評価があるであろう。また、演劇がさかんなことを〝盛岡ブランド〟の魅力のひとつに位置づけ、転入者や観光客の誘致に響かせていきたいとも考えるであろう。市のブランド推進計画には「アート・イン・レジデンス(=芸術家の多く住むまち)」を推進していく方向性が示されている。

観光誘致策としては、盛岡ホテル協議会主催の着地型観光ツアー「盛旬バス」シリーズに文士劇観劇をラインアップする試みがなされたが、これは奏功しなかった（一九九八・一九九九年）。地元で入手困難なチケットを、募集後に随時参加表明してくるツアー客用に取り置くことに無理があったのである。

多様な期待

盛岡文士劇を、その本家がなくなってしまった中央（東京）に持っていってみたいという人がいる。また、文士劇に協力している企業関係者には、盛岡劇場を軽視するのではないが、自身らで生み出している劇の評価を問うことやチケットが取りづらいと嘆く人の要請に応えるといった観点から、席数の大きい県民会館や市民文化ホールへのハコ替えや勢いが失われないうちの東京公演を期待する意見もある。

近年の演出を手がけている浅沼久は、盛岡文士劇そのものの発展のみならず、その〝火種〟性への期待を語った一人である。盛岡文士劇が好評を得たことから、「うちのまちにも来てよ」、「うちでも似たような形でやれないか」といった声が上がった。このうち、盛岡の浅沼や道又らが協力し、奥州市の文士劇が実現した。公演終了後、地元出身であったことからここに参加した青森の民放局のアナウンサーは「青森でも、こういう時代劇をやりたい」と語った。青森にも飛び火するかもしれない。

多様な発信

ここまで、盛岡文士劇をめぐる人びとの動き、主には人的ネットワークの作り方や広がり方を中心に見てきたが、文士劇が契機となっての盛岡の情報発信チャネルの広がりも参考されるに値すると思われる。紙面上限られるが、幾らかでもふれておきたい。

放送は、例年、歳末の公演が岩手放送で録画・編集され、正月に県内視聴者へ「第一部」「第二部」で番組を分けて放映されている。二〇〇六〜〇七年は県内向け地上波の同局に加え、NHK衛星放送でも全国放映された。二〇〇八年公演はCS「時代劇チャンネル」が放映権を買った。文士たちも、さまざまな出版メディアで、筆を奮っている。すでにふれた内館とロドリゲス以外でも、たとえば、鈴木彦次郎がたちあげ、今日の文士劇に関わる斎藤純が主幹する『街もりおか』では文士劇特集が組まれたし（二〇〇八）、高橋克彦はハヤカワの演劇誌『悲劇喜劇』二〇〇九年三月号に文士劇紹介記事を寄せている。

四．【まとめ】盛岡文士劇から学べたこと
―観光やまちづくりの施策検討見地からみる文士劇の面白さ―

(1) 文士劇再生を担った人の輪

・多種多様な思い入れがあって、盛り場的な「面白い出来事」の磁場が生まれる。将来展望その他のすべてにおいて〝一致団結〟は必要ない。

・多様な立場の人々が思いを託せる、重層的な「物語」が語れるとよい。

・計画を進める際には、地域のなかで「誰に話しておけばカドが立たないで順調にコトが運ぶか」を慎重に考え、必要と思われる報告を怠らないようにする。

(2) 情報発信と情報吸収、周囲への「火種」化

・地元文士やマスコミ関係者を活動組織にうまく内包できると、県外者の巻き込みが容

易になり、時に宣伝費をほとんど要しない強力な情報発信が実現し得る。
・観光者を受け入れることについての評価は、数のみではなく、質も考えるべきである。一〇〇人の寡黙な来訪者より、一〇人の住民に語りかける来訪者のほうが地域にもたらすものは大きいかもしれない。
・予算配分した地元自治体や納税者の立場からは、直接的かつ即日的な地域内貢献を重視したくなる気持ちもわかるが、地元で育まれた魅力がより広域に「火種」を散らす影響についてもしっかり考えてみよう。

（3）これから〝文士劇〟の存在をどう活かす？

・観光客にはチケットがまわらない、磁場らしきものは生まれているが、性質上、先々への不確定要素は免れない。それでもまちの魅力を語るのに有力なこの材料（文士劇）を、今後いかに活用できるか、みんなで考えてみよう。

主な参考文献・資料

坂田裕一（一九九五）複合施設の取組『教育委員会月報』pp.70-74、（二〇〇七）人・文化・

自然を大切にする「暮らし文化のまち」－盛岡ブランドによるまちづくり、佐々木雅幸・総合研究開発機構『創造都市への展望－都市の文化政策とまちづくり』学芸出版社　pp. 192－218

盛岡市（二〇〇六）『盛岡劇場ものがたり』、「新しき明日へ（盛岡市勢要覧）」、「盛岡ブランド推進計画」

盛岡学編集室（二〇〇六）『盛岡学』vol. 11　荒蝦夷

杜の都社（二〇〇八）『街もりおか』11月号

付録　旧盛岡文士劇について

■旧盛岡文士劇　第一回
昭和二十四年十二月二十二日（木）
午後六時半　岩手県公会堂ホール

『秋の記録』
出演／殖産銀行演劇部員

『ドモ又の死』
出演／鈴木彦次郎（作家）、深沢省三（画家）、橋本八百二（画家）、堀江赳（彫刻家）、盛内政志（映画評論家）、村田野枝

■旧盛岡文士劇　第二回
昭和二十五年十二月二十七日（水）
午後六時半　岩手県公会堂ホール

『地蔵経由来』
出演／荒木田家寿（著述業）、池山広（作家）、佐伯郁郎（詩人）、佐藤彬（編集者）、佐藤好文（演劇評論家）、川村公人（作家）、宮静枝（詩人）、他

『金色夜叉』
出演／高橋康文（随筆家）、岩手医大某教授夫人

『鈴ヶ森』
出演／鈴木彦次郎（作家）、吉岡誠、深沢省三（画家）、堀江赳（彫刻家）、橋本八百二（画家）、佐々木修、川村公人（作家）、佐藤好文、佐藤彬（編集者）、吉田孤羊（啄木研究家）、松本政治（岩手日報社）

■旧盛岡文士劇　第三回
昭和二十六年十二月十八日（火）
午後一時、六時　岩手県公会堂ホール

『レ・ミゼラブル』
出演／鈴木彦次郎（作家）、工藤正治（岩手日報整理部長）、池山広（作家）、深沢省三（画家）、堀江赳（彫刻家）

『不如帰』
出演／南部利英（南部家第四十四代当主）、村

瀬登美子（鹿島建設村瀬一郎夫人）、内藤萬二郎、橋本八百二（画家）

『自由学校』
出演／深沢忠（県立図書館司書）、堀江かすが（堀江赳夫人）、荒木田家寿（著述家）、大窪梅（作家）、柴田市代（柴田義男夫人）、山本弥之助（盛岡市長）、他

■旧盛岡文士劇　第四回

昭和二十七年十二月二十一日（日）
午後二時、七時　岩手県公会堂ホール

『椿姫』
出演／保坂和子（ピアニスト）、南部利英（南部家第四十四代当主）、加藤英夫（演出家）、中山佳枝（岩手日報）、谷藤愛子（アシノ音楽学苑）

『婦系図』
出演／村瀬登美子（鹿島建設村瀬一郎夫人）、工藤正治（岩手日報整理部長）

『河内山宗俊』
出演／鈴木彦次郎（作家）、佐藤彬（編集者）、真木小苗（女優）、山本昌子

■旧盛岡文士劇　第五回

昭和二十八年十二月二十七日（日）
午後一時、六時　岩手県公会堂ホール

『藤十郎の恋』
出演／工藤正治（岩手日報編集局長）、横川翠、富沢茂（画家）、中野正敏（東北電力）、佐藤好文（市教育委員）

『弁天娘女男白浪』
出演／村井水産部長、鈴木彦次郎（作家）、丑込税務署長、小川秀五郎（県出納長）、山田芳次（県秘書課長）、奈知安太郎（画家）、海野経（画家）、鎌田すずえ、田村亜矢、菊池キヨノ、星川トシ、佐伯郁郎（詩人）、

内藤萬二郎、加藤英夫（演出家）、堀江赳（彫刻家）、深沢省三（画家）、荒木田家寿（著述家）、山中吾郎（県教育長）、橋本県議、三田地県社教課長、沼田県主事、他

■旧盛岡文士劇　第六回

昭和二十九年十二月二十六日（日）
午後一時、六時　岩手県公会堂ホール

『番町皿屋敷』
出演／鈴木彦次郎（作家）、横川翠、山中吾郎（県教育長）、三田地県社教課長、内藤萬二郎

『時頼入道と横笛』
出演／工藤正治（岩手日報）、村瀬登美子（鹿島建設村瀬一郎夫人）、海野経（画家）

『三人吉三廓初買』
出演／村井水産部長、小川秀五郎（県出納長）、西宮弘（県総務部長）

■旧盛岡文士劇　第七回

昭和三十年十二月二十五日（日）
午後一時、六時　岩手県公会堂ホール

『与話情浮名横櫛』
出演／鈴木彦次郎（作家）、富沢茂（画家）、内藤萬二郎、盛内政志（映画評論家）

『大尉の娘』
出演／加藤英夫（演出家）、細田文子（ラジオ岩手）、佐伯郁郎（詩人）、大谷利彦、海野経（画家）、星川トシ

『国定忠治』
出演／小川秀五郎（県出納長）、西宮弘、小原出納局第二課長、鏡厚生部次長、高橋商工労働部次長兼秘書課長、桑島消防課長、堀合地方課長、佐藤副出納長、館下福祉課長

■旧盛岡文士劇　第八回

昭和三十一年十二月二十八日（金）

午後一時、六時　谷村文化センター

『修善寺物語』
出演／鈴木彦次郎（作家）、富沢茂（画家）、池野智子、大谷利彦、海野経（画家）、他

『俊寛』
出演／小川秀五郎（副知事）、中村直（総務部次長）、工藤巌（林務課長）、佐藤出納局次長、他

『雪女郎』
出演／工藤正治、内藤萬二郎（ラジオ岩手）、林陽一（ラジオ岩手アナウンサー）

『金色夜叉』
出演／内村一三（県会議長）、星川トシ（盛岡市社会教育課長）

■旧盛岡文士劇　第九回

昭和三十二年十二月二十八日（土）

午後一時、六時　谷村文化センター

『先代萩』
出演／谷村貞治（谷村新興製作所社長）、小川秀五郎（県副知事）

『弁天小僧』
出演／鈴木彦次郎（作家）、伊藤佐十郎（県漁連会長）、工藤正治（谷村文化協力会）、佐藤善一（作家）、山本弥之助（盛岡市長）、渡辺勘吉（農協中央会参事）、海野経（画家）、大谷利彦（盛岡一高教諭）、栃内松四郎（政党役員）、佐伯郁郎（詩人）、橋本八百二（画家）、加藤勝夫（県会議員）、鈴木盛久（鋳金家）

『勧進帳』
出演／山崎武（盛岡鉄道管理局長）、中村直（県総務部次長）、工藤巌（県社会教育課長）、浅沼京子、赤沢順郎、内川鶴子、村上和子、小笠原努、栃内孝志、越戸福松、他

『万延元年』
出演／横沢明弘、近藤義彦、中野正敏、吉田功、佐々木幸子、富沢茂（画家）、松本功、佐々木公子、立花満、浅野知子、八重樫孝、矢羽々功、田屋元靖、他

■旧盛岡文士劇　第十回
昭和三十三年十二月二十八日（日）
午後一時、六時　谷村文化センター

『元禄忠臣蔵』
出演／鈴木彦次郎（作家）、山本弥之助（盛岡市長）、加藤英夫（演出家）、海野経（画家）、福田隆、佐藤好文（演劇評論家）、佐藤善一（作家）、佐伯郁郎（詩人）、深沢忠、久保源太郎、林陽一、村松史郎、村谷永一郎、細越広人（演劇評論家）、大谷利彦、工藤正治（谷村文化協力会）、栃内松四郎、三田地敏夫、小松代功

『鬼一法眼三略巻』
出演／阿部千一（県知事）、小川秀五郎（副知事）、中村直、工藤巌、西川鯉嘉（舞踊家）、他

『慶安太平記』
出演／谷村貞治（谷村新興製作所社長）、山崎武（盛岡鉄道管理局長）、内村一三、橋本八百二（画家）

■旧盛岡文士劇　第十一回
昭和三十四年十二月二十七日（日）
午後一時、六時　谷村文化センター

『魚屋宗五郎』
出演／鈴木彦次郎（作家）、富沢茂（画家）、加藤英夫（演出家）、西川鯉嘉（舞踊家）、内藤萬二郎（市立図書館）、吉田三五郎（市会議員）、海野経（画家）、村松史郎、福田隆、大谷利彦、佐藤好文（演劇評論家）、田村昭一、佐伯郁郎（詩人）

『其小唄夢廓』

出演／中村直（県総務部次長）、水木歌澄、小川秀五郎（副知事）、吉岡誠（県総務部長）、他

『三人吉三』
出演／工藤正治（谷村文化協力会）、西宮弘（仙台市政顧問）、伊藤佐十郎（県漁連会長）、若柳吉津奈

■旧盛岡文士劇　※テレビ放送のみ

昭和三十五年一月三十一日（日）
岩手放送テレビ第一スタジオから生放送

『弁天娘女男白浪』
出演／工藤正治（谷村文化協力会）、伊藤佐十郎（県漁連会長）、小川秀五郎（県副知事）、鎌田賢三（興産相互銀行社長）、鈴木彦次郎（作家）、鈴木重雄（前岩大学長）、高橋功（中央バス社長）、高橋功二（岩手いすゞ社長）、松本貞雄（日銀盛岡事務所長）、佐藤邦雄（弁護士）、中村直（県総務部次長）、内藤萬二郎（市立図書館）、他

『幡随長兵衛精進俎板』
出演／阿部千一（知事）、山本弥之助（盛岡市長）、鈴木彦次郎（作家）、他

■旧盛岡文士劇　第十二回

昭和三十六年十二月二十八日（木）
午後一時、六時　谷村文化センター

『仮名手本忠臣蔵』
出演／山本弥之助（盛岡市長）、工藤正治（市教育委員）、雫石隆孝（岩手銀行頭取）、佐藤邦雄（弁護士）、伊藤吉之助（盛岡信用金庫本町支店長）、荒木田家寿（著述家）、佐藤又男（東邦糧菓社長）、村谷永一郎（県町村会長）、大正十三造（作家）、内藤萬二郎（市立図書館）、他

『一本刀土俵入』
出演／鈴木彦次郎（作家）、富沢茂（画家）、小川秀五郎（弁護士）、中村直（県医療局長）、高橋功（中央観光社長）、海野経（画家）、

菊池規（詩人）、佐藤竜太（脚本家）、深沢省三（画家）、佐藤好文（盛岡公民館長）、星川トシ（市社会教育課長）、沢田勝郎（県労政課長）、他

■旧盛岡文士劇　第十三回

昭和三十七年十二月二十八日（金）

午後一時、六時　谷村文化センター

『四千両小判梅葉』

出演／工藤正治（市教育委員）、内藤萬二郎、瀬川正三郎（盛岡市消防団長）、深沢省三（画家）、沢田勝郎（県労政課長）、伊藤喜佐夫（東北マッチ専務）、村松史郎、他

『新撰組始末記』

出演／鈴木彦次郎（作家）、細越広人（演劇評論家）、中村直（県医療局長）、照井清三郎（岩手銀行駅前営業所次長）、阿部徳右衛門（市教育長）、他

番町皿屋敷（青山播磨奥座敷の場）

文士劇と鈴木さん

工藤　正治

昭和二十四年に始まり、三十六年まで十三年間も続いた歳末の饗宴文士劇。その思い出は生みの親であり育ての親でもある鈴木彦次郎座長を抜きにしては語ることができない。文士劇は言わば集団で、別に座長の決まりなどはなかったが、鈴木さんひとりだけで、「文士劇」の名を通すことが出来たし、また文化人に限らず知事国会議員はじめ各層の知名人が傘下に集ったのも鈴木さんの人柄ゆえであって、誰言うとなく鈴木さんを座長と呼ぶようになっていた。

盛岡文士劇の起りは、市民が戦後の虚脱から漸く希望をとり戻した頃、歳末同情週間にも市民が楽しみながら社会福祉に奉仕できるような行事が求められた。丁度新聞にいた私が、その要求に応えて文士劇ならうってつけのもののように考え、図書館長だった鈴木さんに持ちかけると「大賛成です。私はまだ舞台の経験は一度もなくて自信がありませんが、社会奉仕の名分があればなおのこと大いにやりますよ」と大乗気であった。

若い頃鈴木さんは帝大演劇研究会のメンバーだったし、卒業後は歌舞伎王国に造反して「心座」を起した河原崎長十郎を応援し自作「狭布里遺聞」を自ら演出したほどの演劇人であることを、かねて知っていた私は、文士劇も鈴木さんに任せておけば、と大舟に乗った気になって、時期も迫っていたので早速準備を急がねばならなかった。

文士劇というのは歴史も古く、七十年ばかり前に岡鬼太郎、岡村柿衛ら知られた文士たちが集まって「忠臣蔵」や「日蓮」などを劇場に上演したことに始っており、のち新聞や雑誌社が読者慰安などのために催したりして大正昭和と受け継がれてきたもので出演メンバーははじめ文芸人だけであったが、のちに画家も加えられるようになっていた。その伝で、盛岡に疎開していた鈴木さんはもとよりのこと美術の深沢、橋本、堀江さんたちを出演メンバーとして文士劇の狙いをさだめたのであった。

出し物は有島武郎作「ドモ又の死」。これはオペラ「ラ・ボエーム」のように若い芸術家グループの人間模様を描いた陰影の濃い現代劇で、文士劇には固苦しい気はしないでもなかったが、この芝居なら出演者たちが素でいけそうに思えたのである。過去の文士劇のしきたりは、歌舞伎と新派を選ぶのが常石であった。動きもセリフも型があって素人には真似がし易く、稽古も少なくて済むからである。それなのに難しい現代劇をとりあげたのは無理だったことを稽古をはじめて直ぐ知らされねばならなかった。

県立図書館の閲覧室を借りて稽古を始めようとしたが平常忙しいメンバーであるから、総員顔を揃えることが難しい。日限が迫っているので、結局初手から立稽古もかねて本読みするという急ごしらえを二、三度がやがやしたっきりで、あとはぶっつけ本番だと目をつむるしかなかった。

いよいよ十二月も押し詰った雪の日、「文士劇」の旗揚げは岩銀演劇グループの一幕物を加えた二本建てで、県公会堂昼夜二回開演した。新聞に煽られて超満員。それが初舞台の面々に異状の緊張をもたらしたようであった。

稽古充分の岩銀グループの一幕は、まずまずの出来栄えで難なく幕を下したが、さて満場待ちかねた「ドモ又の死」の幕が開くと、客席のムードもガラリと一変した。舞台はアトリエの場。そこに名うての画家彫刻家らが顔を揃えてづらりと並び、絵筆をとったり、休息したりのポーズを活人画のように見せていて、たしかに物言わぬその威容は観衆に歎息を洩らさせるに充分であった。が、それは一瞬だけのことであった。俳優さんたちが目を動かし物を言い始めると、それがいちいち観客を驚かし、どッどッと爆笑が渦を巻くのである。画伯たちが懸命になればなるほど一挙一動が天衣無縫に飛躍して観客の意表を突く。笑うべき表情が怒っているように見え、哀しむべき声がはしゃぐように聞えるという言わばアブストラクト演技が乱れ飛び「ドモ又の死」の演劇性がケシ飛んで無上に楽しいコメディに一変したように客席が割れ返える歓声。

それを舞台の裏で聞いている私として文士劇ならそれも楽しからずやとしながらも、看板にした「ドモ又の死」であれば看板を詐《いつわ》ったものにするのも困る。まあ鈴木さんが登場してどうにか「ドモ又の死」を本来の舞台に戻してくれるに違いないと鈴木さんの出番に期待した。折しも鈴木さん扮する花田が快活な足どりで登場した。客席から「大統領！」「彦ちゃん！」と盛んな声援が飛び出す。

と、そこに思いも寄らぬハプニングが発生した。勢い込んで舞台中央に進み出て、いざ思い入れの独白を発声するという大事なときに鈴木さんははたと絶句して終った。棒立ちのまま声もなし動きもなし、あるものは困惑の表情だけで、舞台の間合はすっかり狂った。それに気づいた観覧席は声援、弥次で入り乱れる。裏で私はどうなるかと片づを呑んだ。いくら声を出してセリフを伝えても鈴木さんの耳には届くよしもないのである。

しかし鈴木さんはさすがに度胸があった。やおらいつもの落ち着きとご愛嬌を顔にとり戻し、ウフフフ…とてれかくしの笑いをさえ浮べて「済みません。忘れました。台本を読ませて頂きます」と軽く一礼、ゆっくり背広の内かくしから分厚い書抜きをとり出して頁をめくり始めた。客席は寄せては返す爆笑の波動。だが一難去ってまた一難。ほの暗い舞台では書抜きの文字が読めないのである。鈴木さん、またぞろ懐中に手を入れながら「老眼鏡を使わせて頂きます」と申し開きをしながらケースを取りだした。客席は腹をかかえて転げ回るような騒ぎである。

裏の私も鈴木さんの当意即妙と言える仕草のおかしさにしばらく笑ってはいたが、事態はいづこへゆく？の危機が感じられたので、このとき突嗟に急場を救う助け舟になって舞台に飛び出した。口上宜しく「どうやら花田君の発声機に故障を生じたようですから、ぜんまいを巻かせて頂きます」と言いながら鈴木さんのうしろに立ってハンドルを回す手ぶりをしながら、きっかけのセリフをしっかりと鈴木さんの耳に届けることが出来た。それからは鈴木さん別人のようにセリフを言い動き出して「ドモ又の死」もどうにか生き返ってめでたしめでたしに終わった。

鈴木さんは飽くまで純粋な人である。セリフを忘れたら、出鱈目にゴマ化せばいい、ぐらいなことは知らぬ人ではない。然し鈴木さんはゴマ化して作品を冒瀆するよりは正直に台本を読むことをした。そのウソのない態度がむしろ観衆には初めから仕込まれた演出のように受けとられた「文士劇」は奇抜な面白いもの、という印象を刻んだようであった。鈴木さんの人柄の勝利であった。

鈴木さんは翌年の舞台から立派に貫録と演技を見せて一座を統率し、年毎に市民の支持を厚くした。その鈴木さんが腰を痛めて臥床したために昭和三十七年以来休演した。そして昨夏鈴木さんが亡くなられた。遂に文士劇も不帰の運命を辿ることになるであろうか。

それにしても鈴木さんは「鈴ヶ森」「河内山宗俊」「修善寺物語」「元禄忠臣蔵」「新選組」など多くの力演好演を残した。その舞台姿を思いしのぶと今は亡き人なぞとはウソのように思えてならない。

■初出：「北流」第15号（昭和51年7月発行）

文士劇——自由学校

宮　静枝（詩人）

昭和二十四年になった。その頃すでに中央で行なわれていた文士劇が盛岡でも企画された。

文士劇とは、専門俳優以外の文人、劇作家、画家など芸術関係の人々によって演じられる素人芝居（素劇）を言うもので、明治二十三年一月、小石川の水道橋の佐藤黄鶴邸で、尾崎紅葉、江見水陰、川上眉山、巖谷小波らが水陰の新作史劇を上演した硯友社劇が嚆矢と言える。当市の文士劇は文学系統だけの人では人数が足りないので、知事、市長、その他の著名な人士を加えての名士劇でもあった。これは歳末助け合い運動の一助であった。私は二年続けて出演したが、第二回目は二十五年度の「地蔵経由来（久米正雄作）」の狂女の役でワラ草履をはいて舞台を駈ける時、弾みで草履が飛んで思わぬ効果といわれた。荒木田家寿、池山広、佐伯郁郎、佐藤彬、橋本八百二、佐藤好文、川村公人氏らと一緒だった。翌二十六年は当時評判になった獅子文六の「自由学校」で、私は気取り屋の芳蘭女史の役だったが、これは金満家の夫人の役なのだが焼け出されの私には思わしい着物がない。でもそれは姪や従妹が貸してくれたが肝腎の指環がない。

これも十九年に国から回収されていささかの役に立っていたので、今のように体裁のいいまがい物がある訳でもない。ハタと困惑した時、市会議員をしていたSさんが「私が明日持って来て貸して上げる」と言ったので安心して当日出かけたのだが、それは一と足先きに出席した「駒子」役のH夫人にすでに貸してしまったという裏切りで、余りにも易々と裏切られた憤懣はやる方ないものだった。

芳蘭と駒子のやりとりで、芳蘭が怒って下げて来た果物篭を投げつける場面になった時、我慢できなくなった私は、果物篭を遠慮なく舞台に投げつけたので果物は客席までころげ落ち、看客は喜び、「ええぞ　南城幽香!!（註：宮静枝の戦前のペンネーム）」と大向うから声をかけてくれたのは日報のMさんだった。この時の出演者は、深沢忠、堀江かすが、山本弥之助、荒木田家寿、阿部千一、その他の方々だった。舞台に私情を交じえることはタブーだろうけれども、忘れられない思い出である。鈴木彦次郎さんなんか科白を忘れて、やおら懐中からト書を出して、ままよとばかりに広げて読んでそれが大受けしたり――それはあらかじめ計算されたものだったかも知れないが――

　随筆の大窪梅さんは中々科白が覚えられないので、どこからか演壇のテーブルを運び入れて、中にプロンプターが入って梅さんがつかえると、卓の中からその部分の科白が飛び出すのだが、それが看客にもよく聞こえるので、客席は喜ぶ、役者はあわてる、全く兎とカニのあわて床屋のようなさわぎ、元々誰も完全なものを期待している訳ではないから気分的にもリラックスして、客席と舞台と一体に融け合って評判だった。中には大手建設会社の出張所々長夫人と、南部利英氏との「不如帰」の別れの場面の情緒纏綿《てんめん》さに感情移入の余情が有り余って、後までその情感が緒を引いたような雀たちの評にも花が咲いたりした。文士劇はそれから暫く続いたがいつの間にか中央も地方も中止したようだし、その迷優たちも多くは他界してしまった。

■出典：宮静枝著『不犯の罪』熊谷印刷（平成7年7月発行）

座談会　思い出の文士劇

工藤　正治（元岩手日報社編集局長）
星川　トシ（盛岡市教育委員）
小川秀五郎（岩手経済同友会代表理事）
山崎　武（元盛岡鉄道管理局長）
中村　直（岩手県知事）
細越　廣人（生活学園短大学務課長）
司会／荒木田家寿
記録／藤村　亀治

荒木田　中村さん、ますます〝弁慶型〟におなりですな。（笑い）

中村　いやぁ、これはどうも…。

荒木田　この座談会、佐藤好文さんの都合に合わせかねてしまい、好文さんには相済まぬことで…十三回も催された文士劇に、演出はもちろん、細かい世話役を続け通した好文さんは功労者ですものね。演出者というのは、けいこ中は一日も休めないんでね。工藤さん、細越さんのほかに加藤英夫、盛内政志、戸田芳鉄の各氏にもご苦労かけましたよね。

文春主催よりひと足早く

荒木田　中村さんが弁慶のとき、義経が誰かと思ったら工藤巌さんでしたものね。

星川　かわいい義経で。

中村　あの頃、町なかや花柳界であれほど話題になって広がっていったものに、文士劇以上のものはないんでしょうねぇ。

荒木田　ぼくは、按摩や地蔵さんなどばかりやらされてね。

工藤　按摩といえば、鈴木盛久さんも「弁天小僧」で按摩役をつとめましたよね。

荒木田　ところでまず、盛岡の文士劇の生い立ち――これは東京の文藝春秋主催のものより、ひと足お先の一年前でしたね。

工藤　暗い戦後、鈴木彦次郎さんと私で何かやりましょうや、笑えるものを。じゃ芝居しかないだろうということで、盛岡在住の芸術家たち――深沢省三さん、橋本八百二さん、堀江赳さん、それに盛内政志さんなどに呼びかけたのが二十四年。まだ、まげ物などやる空気ではなく、「ドモ又の死」あたりに落着いたんですな。これが試演みたいなもので、最初は岩手日報社主催とはっきり銘打ったものじゃなくて、私が建て元の役をつとめましたよ。三十七年が最後で、十三回開いていますね。

中村　何回目でしたか、県庁内の一座が参加した年もありましたな。

工藤　そうそう。それから規模も大きくなりました。

荒木田　歳末助け合い運動の一助として入場料は献金するということでしたから、作家や画家ばかりでなく参加出演者もふえて文士劇ならぬ、名士劇になってきて…。

星川　「ドモ又…」の幕がおりたあと、県会議長の村上順平さんから花束ではなくて『大根』が贈呈され、大笑いでしたね。

はまり役山崎富樫に中村弁慶

工藤　山崎さんの富樫と中村さんの弁慶時代が全盛期でしたな。

荒木田　山崎さんがあれほどの芸をこなし中村さんが六方を踏むなんて、思ってもいませんでしたもの。

山崎　どんなにとちっても、舞台がだめになっても、六方で取り返せるというのが当時の評判でした。それにあの時の音楽がよかった。若柳力代さんたちがよく盛り上げてくれましてねぇ。

工藤　音楽でぴっちりときまっているのには、ぼくは感心したなあ。

山崎　斎藤勝州さん。それこそ板に付いていましたし。

中村　六方なんて知らなかった私に、ヒントを授けてくれたのは、踊りで「安宅」を習ったという幡街ののぶ子でしたか――弁慶の役は胸を張ってこうおやりになれば、と助言があったりしましてね。それと、東京へ行って猿之助、長十郎、幸四郎と三つの「勧進帳」を観た。幸四郎のは芸がこまかやかで高尚ですよね。長十郎のは荒っぽくて芸が大きいでしょ、私みたいな者にも少しわかる。もう一つは踊りの菊寿郎。ちょうど県庁の職員慰安会出演の、最後のけいこ場にお母さんと共に見えて、前へ進むときには引っ込みなさい。引っ込みをつけて前へ出ると、大きく進んだように見えるもの、と話している。このときは西宮弘さんが弁慶で私は富樫でしたが、その注意を聞いてとても参考になりましたねぇ。

荒木田　山崎富樫・中村弁慶の顔合わせはまたどうして？

中村　それが、知事命令なんですよ。

山崎　はじめ岩手日報の斎藤記者が見えて候補者は沢山いるけれど、白浪五人男の忠信利平をやれという。あれはせりふも短いんですぐ覚えた。そうしたとき中村さんが見えられて、能の安宅じゃ面白くない、長唄の勧進帳でいこう、管理局長に富樫をやって貰え、これは阿部知事の伝言だというわけです。私は長唄の勧進帳は、たまたま覚えていまして、宴会でちょっとやるもんですから阿部さん、その私を知っていたんですね。中村さんとの勧進帳…あのときは糸八、桜子姐さんはじめ、幡街のお歴々がよくつとめてくれたんで成果をあげましたね。で番卒とのやり取りがあって富樫の私が上座に腰をおろす。そして〝旅の衣は鈴懸の〟で花道の場幕から義経主従が立ち出てきたとき、私も目頭がジーンときましてね。最後に中村弁慶の六方で大向うをやんやと唸らせましたよ。

地方都市では稀な文士劇

荒木田　細越さんは何回目からでした？

細越　「河内山宗俊」からで。

工藤　東京で舞台の方をずっと勉強してこられたんですから、本格派ですよ、細越さんは。

細越　盛岡の文士劇が十年以上にわたって継続上演されたということは、地方都市としては全く稀なことでしょう。この背景には、盛岡の町は古くからの芸どころとしての伝統がある上に、鈴木彦次郎氏を中心とする文化的な雰囲気があったことで、やはり鈴木氏の人徳に負うところが大きく、同氏を抜きにしては文士劇は考えられない、とつくづく思います。

山崎　そうでしょうねぇ…。私が富樫で初出演した年は四本建てで、ラジオ岩手の劇団が「万延元年」を、つづいて「勧進帳」「先代萩」最後が「弁天小僧」でしたね。

星川　その先代萩は、小川秀五郎さんが荒獅子男之助、仁木弾正が谷村貞治さん。花道の落としから、白煙と共にせり上がって現れた弾正が、口にくわえた巻物を開いてみせたらなんと〝満員御礼〟の大文字。大喝采でしたわね。

荒木田　長袴に足がからんでも、谷村弾正少しも慌てず、ニヤリ。

星川　そこでまた拍手よね。

工藤　大根といえば、「自由学校」「レ・ミゼラブル」「不如帰」の三本建のときでしたか、国分知事から大根を贈られたこともありましたなぁ。

迷演技のかずかず

荒木田　星川さんの出演は何でした？

星川　最初は内村一三さんが貫一の「金色夜叉」のお宮役。内村さんはほんとにせりふを知らないの。それがおかしくておかしくて、大変な芝居をやったんだわ。

工藤　せりふがない方がいいって、みんな大笑いでね。失敗といえば最初の文士劇「ドモ又…」のとき舞台に出てきた鈴木さん、しょっぱなからせりふを忘れてしまってなんともかとも芝居にならんわけですよ。やおら懐ろから台本を出して見たものの、今度は眼鏡がなくて読み取れない。そのどぎまぎした仕草に観客がわっときた。文士劇って随分面白くやるもんだ——せりふ忘れも演技の内と見たんでしょうか。それから文士劇の株が上がったようで…（笑い）わからないもんですねぇ。

山崎　「慶安太平記」で谷村さんが忠弥、私が伊豆守役。谷村さんはまったくけいこしない。前日、打合わせしましょうやと花芳久に行ってみたらメロメロのご酩酊。力代さんの黒衣がいるから大丈夫だよという。さて当日、黒衣と二人三脚で登場。が黒衣が言わなきゃ一言のせりふも口から出てこない。後日ラジオで録音放送を聞いたら、せりふが全部ダブっていましたね。伊豆守が、そちが名は何と申すと問う。普通なら忠…忠兵衛でござりますと答えるところを、はい、丸橋忠弥でござります…。

細越　川村公人さん。「河内山宗俊」の直侍でしたが朝から酔ってくる。やめろと止めても俺は出るという。私は舞台の袖で彼を押さえながら出番になったんで、それっと押し出してやった。どうなることかと思っていたらちゃんと演じたんですよ。幕がおりてから私の傍にきて彼のいうには「俺が酔っているんで、俺のことを出さなかったな」ときた。いや、驚きましたねぇ。

中村　県庁一座が「国定忠治・雪の信濃路」をやりましたな。

細越　そのときでしたか。力代さんに怒られたことがありますよ。踊り用の刀を借りるとき、刃に触れての打合いはしないでと注意があったのに、勢い余ってチャリンとばかり刃先をぶつけ合ったから堪らない。刃先がささらになって力代さんすっかりおかんむり。参りましたな。

荒木田　刀といえば吉岡誠さん。白井権八で刀のそりを逆にしたもんだから、鞘に納まらない。

工藤　刀ではないが、瀬川正三郎さんが牢名主で積みあげた畳の上で入れ歯を落としてしまい、せりふが続かない。鈴木さんもね、「修善寺物語」で、この面には死相が漂うという

ところで入れ歯がぽったり。あとが出てこない。（笑い）

〝山崎富樫〟出現のうらばなし

小川　山崎さんの富樫中村さんの弁慶は名コンビ。圧巻でした。あれははじめ、中村さんが富樫で私が弁慶予定のところ、お前は我慢しておりろと阿部知事のお達しで急拠変更――私にとってはまったく結構なこと――その結果、山崎富樫・中村弁慶名優同士の勧進帳となりまずはめでたし、よかったですよ。私が演じたら舞台はどんなことになったか、汗の出る思いで…。

中村　その〝山崎富樫〟出現の楽屋裏をちょっとご紹介しますと――実は、阿部知事の政治的な配慮から生まれたものなんですよ。いまでいえば新幹線促進への含みでしょうか。当時は東北本線複線電化実現がわれわれの悲願でもあったんですよね。そうした矢先に管理局長の歓迎会が開かれた。その席で山崎さんが勧進帳を名調子でご披露なさったので、知事はもう感激。それでわが文士劇にぜひ局長をと、予算もつくことであろうし…（笑い）中村、お前は体もでっかいから弁慶、局長さんに富樫役をお願いして来い。命令もだし難く、私は山崎さんにお会いした。山崎さん、先入観を持っておられたかどうか、私を上から下まで眺められて、ウム、あんたならいいな…。

山崎　そんなことといいませんよ。（笑い）

中村　で、山崎さんが「ぼくはね、せりふの途中をとばされるとだめなんだ。通して覚えているんだから、全部やらして貰わなきゃあ……」でしょ。私でつとまるかと恐れをなしましたよ。

山崎　後になって〝電化促進〟の話を聞いて、芸を認められたのかな。（笑い）これは冗談で、電化どころか複線さへも貫通していない当時のこと。予算計上には苦心したつもりですよ。

中村　それからは勧進帳の手習いのため、不来方町の国鉄寮通いですよ。

荒木田　もう一遍やりましょ。今度は〝新幹線〟含みでね。（笑い）

芸どころ盛岡なればこそ

山崎　文士劇に出るといったら、女房の奴舞台を踏める顔ですか、おやめなさいという。局の連中は出なさい、鉄道の宣伝になる、声を掛けますよ。当日、焼酎でもひっかけた連中でしょう。私が出た途端「山崎屋ァ」中村さんが出たら「中村屋ァ」と大向うの声。

工藤　「工藤屋ァ」っていうの、聞きませんね。（笑い）

小川　細越さんは指南役で、私ら素人にもわかるように手をとり足をとり教えてくれましたよね。

工藤　細越さんはムーラン・ルージュの同人

だったんですよ。
細越　さすがは知名人たち。理屈ぬきで勘がよく、ツボを心得てくれて、演出も楽しくやれました。
山崎　私は盛岡に三年おりましたが二度出して貰ったわけで…。盛岡はほんとに芸どころだと思いました。それと、盛岡芸者衆の心意気、これには感じ入りましたねぇ。
細越　苦労の要る裏方にも熱心な人が沢山いて、喜んで献身してくれましたしね。
中村　やっぱり文士劇が成功する土壌はあったんですな。
細越　忙しい人たちが、仕事を離れて集まるサロン的なたのしさが、けいこ場にありその魅力も文士劇を続けさせた原因の一つともなっていたのでしょう。そのたのしさが、出演者の義務感をなくして、和やかな積極性を形づくっていたんですね。
荒木田　与市兵衛役の佐藤又男さんは、わざわざ東京まで出かけて芝居を観てきたもんですよ。
細越　そのように、出演者は熱心で、何よりも脚本に対する理解がすぐれていて、いわゆるお芝居的悪落ちがなく、うまくチームワークがとれていたと思うんです。

文士劇よ、ふたたび

小川　あの文士劇、なんとか復活再興できませんかねぇ。32年に演じた「先代萩」の男之助のことは誰もほめてくれない。口を開けば前年の「俊寛」、あれはとてもよかったとくる。精いっぱいやったのに…なんとも心残りなんだなあ。もう一度やりたい。名誉挽回だ。（笑い）

工藤　十数年途絶えていた文士劇の復活をと声があったんですが、中心になる鈴木彦次郎さんは病に臥されるし、世話係をつとめた日報の斎藤さんもいないし、そのほかの事情もあったりでうやむやに…残念でしたよ。

山崎　県民会館の落成も近い頃、鈴木さんや工藤さんからのお手紙を頂き、文士劇一座の復活上演が県民会館の桧舞台で実現をみるか、と胸を躍らせ、女房も盛岡に出かけて応援しますとまで張切ってくれたのですが…。

星川　好文さんの資料から文士劇に出られた方々の懐しいお名前を拝見しまして、亡くなられた方もおられ、寂しい思いがいたしますわねえ。鈴木彦次郎さん、橋本八百二さん、鈴木盛久さん、瀬川正三郎さん、村谷永一郎さん…。

中村　村谷さんは、かつらをかぶると気持ちがいい、とよく述懐してましたよ。

小川　そうした方々の追善のためにも、ぜひ復活したいものですなぁ。

■初出：「街もりおか」79年12月号

おわりに

舞台から、二階席の奥の奥まで一人一人の表情が分かり、息づかいまで聞こえそうな盛岡劇場で「盛岡文士劇」は見事に復活。開場百年を数え歴史ある盛劇と文士劇は相性が絶妙なのだと思います。平成二十五年は開場百年、昨年は文士劇二十周年。この時にリアルタイムで立ち会う巡り合わせに心から感謝するばかりです。

「本日は、かくも賑々しく御来場賜り誠にありがとうございます」

毎年の舞台ごと、超満員の客席と演者、舞台裏で支える総勢百名を超えるスタッフが一体となって心地よい文士劇独特の空気感を作ります。

二十年記念公演の四回公演のチケットも即完売。深夜から劇場前に並びます。今まで御来場いただいた沢山のお客様に関係者一同、心より感謝申し上げるしだいです。

公演の都度、時代物の高橋克彦座長は言います。

「お客様がいないと、芝居は成り立ちません。御来場頂き、心から感謝申し上げます」

芝居が終わり、談笑しながら劇場を後にする人々が幡街（八幡町界隈）に流れて行きます。私達は、お客様に感謝を申し上げながら表情をうかがいます。

「盛岡弁のやり取りに、手を叩いて笑いましたし、終幕の頃には涙ぐんでしまいました。感動しましたよ。是非、来年も並んでチケットを買います！」

満ち足りた笑顔に疲れを忘れます。

盛劇周辺の方々ですら、なかなかチケットが手に入りません。この季節になると「一度は、見たいものだが、またダメだった」と言われます。

文士劇は、キャストからスタッフまで、それぞれが手弁当で熱い思いで創り上げます。熱のこもった芝居は、見る側に「隅から隅まで」伝わり、万雷の拍手と笑顔が、また、次回へのエネルギーとなり魅力となっています。二十年前の志は脈々と生き続け、記念の四回公演も盛況のうちに終えることができました。

そこで、この機会に今までの歩みを記録し、文士劇の魅力を目一杯詰め込んで「もりおか暮らし物語読本」の第三弾『演劇のまち盛岡～復活文士劇二十年の歩み～』を刊行し、盛岡のブランドの一つとして全国に発信しようとすることになりました。

二十年の集大成「復活文士劇二十年の歩み」いかがでしたでしょうか？

来年の文士劇は？　そして被災地が復興を遂げた頃の盛岡文士劇は、どんな芝居が上演されているのでしょう？

さて、この本の編者は、脚本家の道又力さん。二十年間の多くの資料を集めるまでもなく企画段階で、すでに彼の頭の中には本が出来上がっていました。しかもキチンと整理されて。流石に文士劇（時代物）の脚本兼出演者です。

刊行にあたりましては、編集頂きました道又様、特別に現代物について寄稿頂いた藤原正教様、関係団体、関係各位、御協力を頂いた方々、そしてご購読いただきました皆様に、恒例の決まり文句を、

「日頃よりの御支援への感謝と、今後、文士劇への、益々の御ひいきを、請い願い上げ、（チョン）たーてーまーつーりーまーす」。

平成二十七年三月

盛岡暮らし物語読本『演劇のまち盛岡』刊行委員会委員長
盛岡劇場・河南公民館長　千葉　芳幸

もりおか暮らし物語読本『演劇のまち盛岡』刊行委員会

構成団体

盛岡文士劇公演実行委員会
盛岡ブランド市民推進委員会
盛岡出版コミュニティー

協力　杜陵高速印刷株式会社
有限会社カメラのキクヤ
有限会社杜の都社

編者紹介

道又　力（みちまた・つとむ）

脚本家。昭和36年、岩手県遠野市生まれ。大阪芸術大学映像学科卒業。テレビ、ラジオ、演劇、漫画の脚本を手がけるほか、『天晴れ！盛岡文士劇』（荒蝦夷）、『芝居を愛した作家たち』（文藝春秋）、『野村胡堂・あらえびす』（文藝春秋）など著書多数。所属団体は日本推理作家協会、日本脚本家連盟、日本放送作家協会。盛岡市在住。

もりおか暮らし物語読本

演劇のまち盛岡　〜復活文士劇二十年の歩み〜

2015年３月15日　第１版第１刷

編　　者　道又　力

監　　修　盛岡文士劇公演実行委員会

カバーイラスト　ナカムラユウコウ

発　　行　もりおか暮らし物語読本
『演劇のまち盛岡』刊行委員会
〒020-0873
盛岡市松尾町3-1　盛岡劇場内
TEL 019-622-2258

出　　版　盛岡出版コミュニティー
〒020-0824
盛岡市東安庭2-3-3 コーポ石川101
TEL&FAX 019-651-3033
HP http://moriokabunko.jp

印刷製本　杜陵高速印刷株式会社

ISBN978-4-904870-32-7 C0274